CASAS Y VIVIENDAS
TRANSPARENTES

CASAS Y VIVIENDAS
TRANSPARENTES
ESTRUCTURAS Y ELEMENTOS DECORATIVOS EN CRISTAL

Catherine Slessor

Fotografía **James Morris**

BLUME

BLUME

Título original:
See-through Houses

Traducción:
Jorge González Batlle
Cristina Rodríguez Castillo

**Revisión técnica de la edición
en lengua española:**
Margarita Kirchner
Miembro de ARQ-IN-FAD
(Arquitectura e Interiorismo del Fomento
de las Artes Decorativas), Barcelona
Interiorista

**Coordinación de la edición
en lengua española:**
Cristina Rodríguez Fischer

Primera edición en lengua española 2002

© 2002 Art Blume, S.L.
Av. Mare de Déu de Lorda, 20
08034 Barcelona
Tel. 93 205 40 00 Fax 93 205 14 41
E-mail: info@blume.net
© 2001 Ryland Peters & Small, Londres
© 2001 del texto Catherine Slessor

I.S.B.N.: 84-95939-05-3

Impreso en China

CONSULTE EL CATÁLOGO DE PUBLICACIONES *ON LINE*
INTERNET: HTTP://WWW.BLUME.NET

Sobrecubierta
Todas las fotografías son de James Morris. *Portada:* Skywood,
cerca de Londres, diseño de Graham Phillips. *Contraportada en el
sentido horario, desde superior izquierda:* casa de Joan Barnett,
West Hollywood, diseño de William R. Hefner AIA, interiorismo de
Sandy Davidson Design; loft en Londres, diseño de Simon Conder
Associates; casa en Londres, diseño de Rick Mather Architects;
casa en la montaña en Georgia, diseño de Mack Scogin Merrill
Elam Architects.

CONTENIDO

Las paredes de vidrio con estructura de madera proporcionan al interior de este retiro campestre una gran luminosidad y transparencia. La fina membrana de cristal disuelve los límites entre el interior y el exterior, haciendo que la casa emerja de la profundidad del paisaje.

INTRODUCCIÓN

Cristalino y etéreo, el vidrio es uno de los materiales con más magia de la tierra. Aumenta la sensación de espacio y deja pasar la luz, añadiendo vigor y colorido a la arquitectura. Este libro explora los diferentes modos en que se ha utilizado la versatilidad del cristal para crear destacados diseños de casas en todo el mundo.

La historia del cristal está íntimamente ligada a la evolución de la arquitectura. Desde que el hombre empezó a construir, hace miles de años, los arquitectos e interioristas han luchado por conciliar la necesidad de espacios cerrados, protección e intimidad con el deseo de disfrutar de interiores luminosos y bellas vistas. En ese sentido, el cristal se ha revelado como una solución ideal para resolver este problema, pues se trata de un material transparente, duradero, fuerte, a la vez que económico.

Aunque el vidrio se ha venido utilizando en arquitectura desde hace más de dos mil años, su relación con la historia de la humanidad data de una época mucho más temprana. La invención del cristal tuvo lugar, seguramente de forma accidental, hace unos cuatro mil años en el Mediterráneo oriental. Bajo un antiguo horno para cerámica, el sílice fundido de las vasijas se combinó con las cenizas alcalinas que habían quedado debajo del fuego. Hacia el 1500 a. C., los vasos de vidrio moldeado y prensado eran ya de uso común en Egipto, y las técnicas necesarias para su realización pronto se extendieron por Europa. La expansión del Imperio romano permitió el desarrollo de una floreciente industria del vidrio en las provincias del Saona y el Rin, que contaba con artesanos procedentes de Siria y Alejandría. Para aludir al vidrio se utilizaba el término latino *glesum* (tomado de una palabra de origen germánico que significaba «transparente» o «lustroso»).

Harían falta dos mil años desde el casual descubrimiento inicial hasta la aparición del vidrio soplado, que permitió la producción de láminas transparentes lo suficientemente gruesas para utilizarlas como ventanas. La producción de ventanas de vidrio mediante el soplo de cilindros se inició en el norte de Europa hacia el siglo XI. La técnica utilizada consistía en el soplado de un largo cilindro de cristal, que después se cortaba, se abría y se aplanaba hasta darle la forma deseada. Durante la década de 1830, se empezó a utilizar una versión mejora-

da del proceso de soplado tradicional, lo que proporcionaba vidrios de un grosor uniforme y de unas medidas de hasta 1 x 1,3 m. Hasta entonces, las técnicas empleadas sólo permitían láminas de reducido tamaño, como se puede observar en las intrincadas divisiones de los parteluces y los montantes de abanico de las ventanas del siglo XVIII y principios del XIX. Estos avances técnicos marcaron el inicio de una verdadera simbiosis entre el vidrio y la arquitectura. Tal como Michael Wigginton señala en su obra *Glass in Architecture* (Phaidon, 1996), «esta evolución hizo posible la creación de nuevos lenguajes conceptuales en arquitectura, los cuales todavía se siguen desarrollando y explorando; desde el simple hecho de proporcionar luz y buenas vistas a un edificio, sin que por ello se produzca una pérdida de calor, hasta la creación de grandes obras de arte conceptuales y técnicas a partir del empleo de este maravilloso material».

El vidrio no sólo nos ha protegido y nos ha sido útil durante siglos, sino que además nos ha proporcionado las sublimes catedrales góticas y la belleza funcional de los invernáculos y pabellones de cristal del siglo XIX. Los arquitectos que iniciaron el movimiento moderno fueron los primeros que supieron explotar el potencial del cristal para proporcionar a los interiores una fluidez y una transparencia que no se conocían hasta el momento. El gran arquitecto alemán Walter Gropius afirmó en 1931 que el vidrio «podía marcar los límites de los espacios, protegernos del frío y del calor, pero al mismo tiempo abrir los espacios con su naturaleza luminosa e incorpórea».

A lo largo de la historia, el cristal ha llevado a la arquitectura conceptual a sus más altas cimas, pero su utilización en la gran mayoría de los edificios corrientes, como las viviendas privadas,

dos los clientes cuyas casas se describen en este libro ofrecieron a sus arquitectos toda la libertad para ejercitar su imaginación. El resultado son una serie de edificios a cuál más memorable e ingenioso.

Para el cliente, se trata principalmente de crear un refugio y al mismo tiempo un lugar que le resulte estimulante para vivir; para el arquitecto, una casa es a la vez un talismán y un maravilloso campo de experimentación. A pesar de los cambios sociales y culturales, las exigencias básicas de un propietario a la hora de adquirir una casa apenas han variado. Esta simplicidad de carácter casi sagrado, asociada al concepto de casa, es lo que quizá la convierte en el único tipo de edificio en el cual un arquitecto puede dejar rienda suelta a su creatividad y en el que puede ejercer un completo control sobre el diseño y establecer una relación íntima con el cliente. Transformada en un vehículo para la expresión personal, tanto del cliente como del arquitecto, la casa se convierte así en la más elemental de las aspiraciones humanas.

La concepción del cristal como un material capaz de crear belleza por sí mismo fue uno de los principios en los que se basaba el movimiento moderno en los primeros años del siglo XX, que encontró expresión en el trabajo de un gran número de arquitectos e interioristas del momento. La creciente sofisticación de la tecnología del vidrio dio lugar además a que su uso no se limitara al exterior de los edificios. Pronto se vio cómo a través del empleo del cristal en paredes, pantallas, suelos y escaleras se podían lograr interesantes contrastes de luces y sombras, opacidad y transparencia. La gama de tipos de vidrio disponibles hoy en día —desde translúcidos o totalmente transparentes hasta

El cristal resolvió el problema de encontrar un material que fuese transparente, duradero, fuerte y, al mismo tiempo, económico.

constituye asimismo un aspecto de gran importancia, ya que demuestra hasta qué punto el vidrio ha estimulado la imaginación arquitectónica y técnica a través del tiempo. Gracias a sus relativamente reducidas dimensiones, las casas ofrecen enormes posibilidades de experimentación. En la actualidad, la arquitectura ha vuelto al concepto de vivienda privada. Un proyecto para una casa permite al arquitecto un abanico de posibilidades creativas, siempre que el cliente esté de acuerdo, que muy pocas veces se puede alcanzar en el caso de grandes edificios de carácter público. En ese sentido, el patronazgo «ilustrado» es fundamental. Todos los clientes cuyas casas se describen en este libro ofrecieron

texturados o tintados— puede crear una inmensa variedad de efectos en función de las características del espacio.

La presente obra analiza en profundidad la relación entre el vidrio y el diseño contemporáneo en arquitectura. Precedido por un apartado dedicado a las primeras construcciones de cristal de principios del siglo XX, los capítulos siguientes se organizan en torno a una serie de casos prácticos que concluyen con un último capítulo centrado en el empleo del cristal en el diseño de interiores. Muchos de los edificios mostrados aquí representan la realización de las ambiciones técnicas y estéticas postuladas por el movimiento moderno; con la llegada del nuevo milenio, estas mismas ambiciones continúan absorbiendo a los arquitectos e interioristas del futuro.

Esta casa situada en los bosques de Maine constituye una reinterpretación de las típicas granjas locales, compuestas de varios edificios agrupados. El cristal desempeña un importante papel a la hora de proporcionar luz y vistas a la vivienda.

La posibilidad de captar y manipular la luz
ha sido siempre un aspecto estrechamente
ligado a la arquitectura. El hecho de
configurar los edificios de manera que
puedan recibir la luz del sol, y el deseo
de mostrar los cambios solares y el
movimiento de las nubes en el cielo ha
estado presente en la mente de muchos
arquitectos. Y lo cierto es que la evolución
del vidrio ha jugado un papel muy importante
en esta conquista de la luz y la transparencia.

En 1914, el escritor alemán Paul
Scheerbart describió su fantasía
visionaria de un mundo revitalizado por
la arquitectura del vidrio «que dejará
pasar la luz del sol, la luna y las estrellas, no
sólo a través de las ventanas, sino también
a través de cualquier posible muro, ya que
todos ellos serán de cristal». Scheerbart
expresó vívidamente el sueño que alimentó
la inspiración de los arquitectos iniciadores
del movimiento moderno, justo en el
momento en que empezaba a vislumbrarse
el potencial que supondrían los avances
de la tecnología del vidrio.

En la actualidad, esta visión de una
arquitectura realizada en vidrio está
convirtiéndose rápidamente en una realidad,
propiciada por los avances tecnológicos
unidos al poder de la fértil imaginación
de los arquitectos.

Elevada sobre las colinas que rodean Los Ángeles, la espectacular Sheats-Goldstein House, de John Lautner, combina
todas las comodidades del siglo xx con la acogedora imagen de las cavernas primitivas. El bloque monolítico del
tejado se articula a partir de un espectacular artesonado de estructuras triangulares encastadas en el cemento.
Durante el día la luz entra a través de los pequeños tragaluces.

PRIMEROS EXPONENTES

Históricamente, la relación entre el vidrio y la arquitectura llegó al máximo grado de sofisticación cuando empezaron a superarse las limitaciones técnicas, sobre todo aquellas impuestas por la construcción de paredes de carga, que restringía la amplitud de las aberturas de las ventanas.

La primera ruptura fue la del exoesqueleto gótico; la estructura de piedra y arbotantes de las catedrales medievales hizo posible por vez primera la existencia de ventanas altas y arqueadas compuestas por varios fragmentos de vidrio. El siguiente salto espectacular tuvo lugar en el siglo XIX, con la introducción del armazón estructural, inicialmente fabricado en hormigón y hierro forjado de fundición, y más tarde de acero y cemento armado. La tecnología del hierro y el cristal en la Inglaterra victoriana generó un nuevo lenguaje arquitectónico y nuevas construcciones como invernáculos y galerías cubiertas, grandes naves y edificios de exhibición de cristal, en especial el Crystal Palace de Paxton, de 1851, en el que se emplearon más de trescientas mil láminas de vidrio.

Ya en el siglo XX, Le Corbusier describía la arquitectura como «el magistral y magnífico juego de masas que se disponen juntas en la luz». De esta forma apareció toda una serie de nuevos valores ligados a las construcciones modernas, como eran la transparencia y la inmaterialidad, conseguidos mediante el empleo de materiales que dejasen pasar la luz y la penetración de unos espacios en otros. El simbolismo del cristal y el metal fue encontrando paulatinamente nuevas expresiones y adquiriendo la forma de una «piel» de vidrio, en oposición a las tradicionales aberturas en la estructura de los edifi-

cios. La Fagus Factory (1911), de Walter Gropius, fue uno de los primeros ejemplos de fachada de cristal soportada por una ligera estructura de acero; el poligonal Glashaus Pavilion de Bruno Taut, creado para la exposición Werkbund de Colonia de 1914, estaba hecho totalmente de vidrio, en una especie de exaltación de las propiedades cristalinas y etéreas de este material.

Durante los años veinte tuvo lugar un extraordinario auge del cristal en la búsqueda de una estética basada en la transparencia y la inmaterialidad. Las casas y los pequeños proyectos de arquitectos tan innovadores como Mies van der Rohe demostraron el cambio de actitud que se produjo en Europa y Estados Unidos después de la primera guerra mundial. Tanto la casa Tugenhadt (1930), una gran casa de campo en la localidad checa de Brno, como su pabellón para la Exposición Universal de Barcelona en 1929 se basaban en la búsqueda de espacios abiertos y de la máxima libertad de movimiento. La única forma de lograr esto era mediante el empleo de vidrio, de forma que éste se viera interrumpido por la estructura metálica lo menos posible. El término «ventanal» proviene de esta visión de grandes superficies de vidrio ejemplificadas por la casa Tugenhadt, en la que las ventanas se podían retirar y bajar mediante un dispositivo eléctrico. Su coste era increíblemente elevado (el equivalente al de ocho apartamentos de lujo), pero demostraba que podía llevarse a cabo.

Otra casa de vidrio experimental, aunque realizada en un contexto totalmente distinto, fue la Maison Dalsace (1931), de Pierre Chareau. Al contrario que la casa Tugenhadt, que tomaba la forma de una casa de campo en una parcela de terreno, la Maison de Verre —que es como se la conoce— se oculta en el interior de un patio en el barrio Latino de París, y tiene sobre ella el segundo piso de un apartamento de alquiler ya existente. La solución de Chareau consiste en una estructura de acero que soporta toda una pared de bloques de vidrio.

En Estados Unidos, el potencial tecnológico en general, y el del vidrio en particular, creó un nuevo estilo paralelo al que se daba en Europa. Frank Lloyd Wright lo describía así en 1930: «Las sombras eran las pinceladas del antiguo arquitecto. Permitamos que el moderno trabaje con la luz, la luz difusa, la luz reflejada, la luz por sí misma, la sombra gratuita. Es la máquina lo que hace

«El cristal es el material de construcción más puro surgido de la madre tierra.» (*Gropius,* 1931)

modernas las nuevas posibilidades del vidrio». Arquitectos como Mies van der Rohe (por entonces establecido en Estados Unidos) y Philip Johnson se esforzaron para explotar al máximo el potencial de transparencia del cristal y las grandes superficies realizadas con este material. La obra maestra de Mies en este sentido fue la Farnsworth House (1946-1951), uno de los grandes hitos de la arquitectura llevada a la mínima expresión. Dos planos rectangulares idénticos, uno para el techo y otro para el suelo, se dispusieron uno sobre otro mediante columnas de acero. Las paredes de vidrio parecen casi superfluas, como si sólo sirvieran para hacer de intermediarias entre el exterior y el espacio del interior, dando lugar a un magnífico pabellón transparente en medio del paisaje. La casa que Johnson se construyó para sí mismo en New Canaan, terminada en 1949, muestra una clara influencia de Mies. Los elementos centrales se limitan a un escultural cilindro, que contiene un cuarto de

baño con ducha y una chimenea; el resto del espacio se halla rodeado de cristal.

Estas dos casas contrastan de un modo bastante curioso con otra casa de vidrio de la misma época, la diseñada y construida por Charles y Ray Eames en Pacific Palisades, en California, como parte del programa Case Study House, iniciado por la revista *Arts & Architecture.* Surgido durante una época de gran optimismo, tras años de guerra y depresión económica, el programa ofrecía a los arquitectos la oportunidad de desarrollar nuevos prototipos de vivienda familiar, incorporando los nuevos materiales y tecnologías que se habían utilizado para la creación de casas prefabricadas durante la guerra. Concebido con una buena dosis de idealismo, este proyecto se llevó a cabo con la esperanza de que los experimentos de casas basadas en los avances tecnológicos sirvieran para que el gran público terminara por aceptar los principios de la arquitectura moderna.

IZQUIERDA Y EXTREMO IZQUIERDA
La Maison Dalsace, de Pierre Chareau, conocida como la Maison de Verre («casa de cristal») se construyó en 1931 para un médico parisino. Cuenta con una estructura de acero que soporta una inmensa pared realizada con pavés translúcido. Como un *shoji* (biombo japonés de papel de arroz), en el que la luz se filtra a través de una diáfana membrana, la brillante piel proporciona a la vez luz e intimidad.

EXTREMO IZQUIERDA, SUPERIOR
A pesar de su gran abstracción, la Farnsworth House de Mies van der Rohe (1946-1951) continúa siendo un poderoso modelo de arquitectura conceptual.

SUPERIOR La casa de Philip Johnson en New Canaan, terminada en 1949, constituye un espacio fluido rodeado por una etérea superficie de vidrio, aparentemente insustancial.

samente detallado, que se alza de forma vertiginosa sobre una escarpada colina con vistas sobre la cuadrícula de la ciudad de Los Ángeles. El mismo espíritu de luminosidad y contacto con la naturaleza preside el reciente proyecto de Glen Murcutt en Australia. Por su parte, la casa construida por Lautner en 1963 para la familia Sheats constituye una especie de caverna realizada con los materiales del siglo XX. De nuevo, se encuentra en lo alto de una colina, con una magnífica panorámica de Los Ángeles a sus pies. El carácter geométrico de la obra de Lautner, junto con su dominio de la tecnología y su concepción de la arquitectura como un espacio fluido, podría identificarlo con el movimiento moderno, pero su independencia y su preocupación por la calidad de vida lo alejan del mismo.

En Reino Unido el conservadurismo que ha caracterizado siempre al país, unido a la mayor dureza del clima, han hecho bastante difícil la producción de casas de cristal y las pocas que se han construido por lo general han sido las de los propios arquitectos, como es el caso de la sorprendente casa de John Winter en Highgate (1969), que combina una estructura de acero deliberadamente tosca con enormes paredes sólo de vidrio. Otro ejemplo es la casa de Michael y Patty Hopkins en Hampstead (1977), de aspecto industrial y realizada a partir de una serie de módulos de acero y cristal. Por su parte, la casa que Richard Rogers diseñó para sus padres, terminada en 1969, es una evocadora muestra del poder expresivo de la arquitectura minimalista. Sus dos pabellones de vidrio de una sola planta están cuidadosamente situados a lo largo de un terreno ajardinado, lo que proporciona al lugar un aspecto de gran tranquilidad y orden en medio del barrio burgués de Wimbledon, en Londres. Más recientemente, Future Systems concluyó una impresionante casa privada en Canonbury, al norte de Londres (1994), en la que se combina de una forma sumamente original una fachada frontal de pavés translúcido con una pared de vidrio extraordinariamente inclinada en la parte de atrás. Construida con 22 paneles térmicos de doble vidrio sellado con silicona, la alta pared de cuatro pisos se alza con una inclinación de 50°, proporcionando a sus habitantes no sólo una amplia vista del exterior, sino además la sensación de que se encuentran flotando en el aire.

La creciente sofisticación que han experimentado desde los años ochenta tanto el cristal como los plásticos ligeros y transparentes ha abierto a los arquitectos un

La Eames House, que era a la vez la vivienda y el lugar de trabajo de la pareja, se convirtió en el símbolo del programa. Situada en un exuberante paisaje, su austera estructura de acero está revestida de una red articulada de paneles coloreados de vidrio transparente, translúcido y enrejado que asemejan una pintura de Mondrian. Puesto que el edificio estaba concebido para vivir en él, los Eames instalaron pequeñas ventanas enmarcadas en acero, ya a la venta en el mercado, en su línea habitual de seleccionar productos industriales bien diseñados y colocarlos juntos para crear construcciones ligeras, elegantes y acogedoras.

El benigno clima de la costa oeste de Estados Unidos, junto con la gran cantidad de terreno disponible, el desarrollo de nuevas tecnologías y la aparición de una generación de arquitectos con un gran afán de experimentación, dieron lugar a las famosas casas de cristal de la arquitectura moderna californiana. Arquitectos como Pierre Koenig, Albert Frey, John Lautner, Craig Ellwood y Richard Neutra se hallan entre los más destacados. La Kaufmann House (1946), de Neutra, es un verdadero santuario situado en el desierto de Palm Springs, desde el que se puede disfrutar del árido e imponente paisaje que lo rodea. Sus paredes de cristal se deslizan hacia la parte de atrás hasta casi borrar la distinción entre el interior y el exterior, poniendo el énfasis en la fluidez del espacio. La simbólica Case Study House 22 (1960), de Koenig, es un pabellón de vidrio vigoro-

SUPERIOR Y DERECHA Diseñada en 1963 por John Lautner como un símbolo del hedonista estilo de vida californiano, la Sheats-Goldstein House ha sido recientemente reformada. Las paredes de vidrio, sin ninguna estructura visible que las soporte, rodean el dormitorio colgado, como un nido de águilas, que cuenta con unas impresionantes vistas sobre la iluminada ciudad de Los Ángeles.

SUPERIOR IZQUIERDA La sala de estar está cubierta por una enorme losa de cemento que hace las veces de techo, salpicada por cientos de pequeñas aberturas que dejan pasar la luz, realizadas con vasos de cristal puestos boca abajo.

IZQUIERDA Y EXTREMO IZQUIERDA La pureza de líneas, las audaces formas y el empleo de materiales sencillos distingue el trabajo de un maestro de la arquitectura. El contacto con la naturaleza también posee su importancia, y la brillante superficie de cristal permite la visión del frondoso exterior.

Los avances en el campo del cristal ofrecen nuevas posibilidades a la hora de valerse de la transparencia y la ligereza para buscar nuevas soluciones formales.

enorme horizonte de posibilidades. La combinación sinérgica de estructuras de acero con las inherentes cualidades tensoras del cristal ha revolucionado los ideales modernos de ligereza y transparencia, por los que también apuestan las diferentes líneas de experimentación que estudian las cualidades del cristal sometido a comprensión. Resultado de todo ello son la columna y la viga de cristal, empleadas en proyectos tales como el de la peculiarísima prolongación de la casa de Georgia en Londres llevada a cabo por Rick Mather en

En el Reino Unido, las casas de cristal más innovadoras suelen ser las que los arquitectos construyen para ellos mismos, como ésta de Michael y Patty Hopkins situada en Hampstead, al norte de Londres. Compuesta de diferentes módulos, posee una economía formal y una flexibilidad espacial de clara herencia moderna, e ilustra todo el potencial de posibilidades que resulta de combinar una estructura convencional de acero con paredes de cristal a la hora de crear una arquitectura doméstica de lo más dinámica. El interior, de una enorme versatilidad, está dominado por elementos divisorios móviles, materiales robustos y resistentes, y colores primarios.

1993, en la que el recubrimiento de cristal descansa sobre un armazón laminado igualmente de cristal, en clara deuda con los ideales de simplicidad y transparencia sin fisuras de Mies van der Rohe. Un proyecto que, en definitiva, ilustra las enormes posibilidades que ofrecen las estructuras de cristal transparente de última generación.

Otro elemento indisociable al desarrollo de los edificios de cristal es la consolidación de una corriente de diseño respetuosa con el medio ambiente. Y es que, en ese sentido, por mucho que la Eames House, por poner un ejemplo, fuera revolucionaria en su aspecto formal, no se adaptaba invariablemente a las condiciones ambientales: cuando un arquitecto preguntó a Charles acerca del sistema de calefacción que utilizaba, éste le señaló el jersey que llevaba puesto... La gran mayoría de los proyectos más innovadores que se han llevado a cabo consisten en casas particulares, y en ese sentido constituyen un punto de partida perfectamente tangible para buscar soluciones en materia medioambiental. En Alemania la conciencia ecológica está muy arraiga-

da, y ello se ve claramente en las casas particulares diseñadas por estudios de arquitectura como el Log ID y arquitectos como Thomas Herzog, dotadas de medidas de control energético de todo tipo y en las que se genera energía a través del sol por medio de cierres acristalados y paneles fotovoltaicos. En el Reino Unido, la Hope House de Bill Dunster (1995), situada en East Molesey, apuesta decididamente por esta línea de experimentación respetuosa con el medio ambiente y cuyos resultados se aplicarán en el diseño de las futuras casas ecológicas de los núcleos urbanos densamente poblados.

Gropius, allá por el año 1931, observó con acierto: «A pesar del tiempo que hace que conocemos las aplicaciones del cristal, no ha sido hasta esta época de avances tecnológicos en la que vivimos, con todos sus modernos procesos de fabricación, que este material se ha convertido en uno de los más valiosos para nuestras vidas, así como para las del futuro. La arquitectura en cristal, una utopía hasta hace bien poco, es ahora una realidad».

SUPERIOR **La obra del arquitecto australiano Glen Murcutt se basa en la ligereza de los materiales. Con sus enormes paredes de cristal rematadas por techos sobresalientes de metal ondulado, parece como si sus casas se fusionaran con los bosques colindantes. Su Bell-Eastaway House, en Glenorie (1983), se inspira en la funcionalidad y simplicidad de las granjas de la zona.**
DERECHA **El techo ondulado de metal deja a cubierto una terraza con el suelo de tablones de madera, al tiempo que protege las lisas paredes de cristal del sol deslumbrante. Se han empleado diversos materiales básicos con tanto acierto como discreción, y el resultado es una casa elegante y sencilla que parece flotar sobre el suelo.**

La fascinación creciente por las casas de espacios y materiales ligeros ha encontrado por parte de los arquitectos su máximo exponente en el empleo del cristal, tanto translúcido como transparente. La búsqueda de la perfección transparente ha pasado de la simple caja de cristal que tanto atrajo a los primeros seguidores del movimiento moderno a todo un conjunto de nociones más sutiles y difusas que son un fiel reflejo de los avances tecnológicos experimentados en los últimos años en el terreno de la construcción.

Hoy en día, ya es posible combinar tecnología e imaginación con todo un abanico infinito de posibilidades. La progresiva sustitución de las pesadas paredes maestras por ligeras estructuras de acero ha permitido emplear el cristal en unas proporciones desconocidas hasta la fecha. Además, las últimas técnicas de producción y posterior colocación del cristal aumentan todavía más el horizonte de posibilidades. Lo que hace único al cristal es precisamente su capacidad para transmitir la luz del sol. Las grandes paredes de cristal permiten el paso de la luz al interior, con lo que difuminan los límites entre el interior y el exterior al tiempo que permiten disfrutar a los inquilinos de la casa de una relación más íntima con el entorno. Por otro lado, las frías líneas de las casas de cristal suelen ofrecer un atractivo contraste con la exuberancia y el colorido del paisaje circundante. Como si se tratara de meros espejismos, parece como si dichas casas flotaran sobre unos muros inexistentes.

Ken Shuttleworth diseñó esta casa a partir de una enorme pared curvilínea de cristal que inunda de luz el interior al tiempo que abre éste al paisaje circundante, trayendo la naturaleza al corazón mismo de la vida doméstica. El salón con forma de media luna disfruta de grandes vistas y abundante luz natural.

IZQUIERDA **A uno de los lados de la casa hay un tranquilo estanque artificial, de manera que parece como si flotara en el agua. Lo que se pretendía desde un principio era crear un recinto de cristal en medio del bosque que difuminara los límites entre el interior y el exterior.**
DETALLE **Las paredes de cristal abren el interior de la casa al exterior, ofreciendo vistas del paisaje circundante.**
INFERIOR **El bosque que rodea la casa acaba en un patio de estilo zen cubierto de gravilla negra.**

Skywood: simplicidad de planos

ARQUITECTO: **GRAHAM PHILLIPS**

Esta exquisita casa de líneas sencillas hace de la vida doméstica una auténtica obra de arte, cualidad ésta sin duda tan gratificante como difícil de conseguir, pues no en vano para obtener un refinamiento visual tan logrado se tuvo que recurrir a no poco ingenio y superar infinidad de retos técnicos. Cada elemento del mobiliario se eligió y ubicó a conciencia, pero el resultado conseguido, que aúna funcionalidad con estética, sin duda valió la pena. El arquitecto de esta impresionante obra fue Graham Phillips.

A primera vista, parece como si Skywood se enmarcara dentro de la bien conocida tradición de casas con ligeros armazones de acero que surgió del Case Study House Programme, en la California de la posguerra. Carece, sin embargo, de la informalidad de aquéllas y pone el acento no tanto en la estructura de acero como en las paredes; un conjunto de planos de color blanco que se prolongan como una rueda catalina, hasta fundirse con el entorno como las de la Brick Country House diseñadas por Mies van der Rohe en 1924. Por otro lado, en su íntima relación con el agua, las paredes son tributarias también de la obra del mexicano Luis Barragán. Pero el modelo en el que se basa mayoritariamente Phillips es el de la villa adaptada a las necesidades de la vida moderna, como la paradigmática Villa Savoye que concibiera Le Corbusier en 1931 en unos terrenos de la localidad de Poissy a las afueras de París. La pureza de este edificio inspiró a toda una corriente del movimiento moderno, para la que la arquitectura no era tanto un mero *collage* decorativo como la destilación de todas las funciones domésticas en una forma abstracta concebida como un todo geométrico y preciso.

Tras varios años buscando un emplazamiento ideal en la región londinense, el propietario de la casa encontró por fin el lugar definitivo; una finca de 1,8 hectáreas ocupada en su mayoría por un denso bosque centenario de enormes rododendros, así como por una casa lista para demoler. Debido al valor ecológico del bosque, la nueva casa no podía tener más de 250 m² de superficie total y además debía integrarse plenamente en el entor-

no. El proyecto original del arquitecto consistió en crear un recinto de cristal en medio del bosque, pero con el tiempo acabó incluyendo el agua como un elemento básico del diseño y optó por aprovechar al máximo la integración de la casa en el entorno circundante.

La experiencia, cuidadosamente diseñada, del paulatino descubrimiento y aproximación a la casa se inicia en la misma puerta de entrada a la finca. Nada más doblar la primera curva del camino de acceso cubierto de grava negra, se obtiene una maravillosa panorámica de la vivienda desde el extremo de un estanque de líneas rectas. A continuación, se avanza a través de un denso bosque de imponentes árboles, antes de encontrar un puente en el patio de la entrada principal, situado en la parte posterior de la casa. Ya en el puente, se descubre que la fuente de donde mana el agua es un sencillo obelisco de color negro del que sale agua impulsada por aire. El patio de entrada, recubierto con baldosas de piedra caliza de un gris arrebolado, forma parte del enorme zócalo de piedra sobre el que descansa la casa. La premeditada austeridad de dicho patio, desprovisto de plantas, canalones o garaje alguno, subraya la sencillez de su forma. Tanto el cobertizo para el coche como la puerta de entrada están cubiertos por unas pérgolas de

SUPERIOR **La casa debe integrarse plenamente en el entorno, respetando por tanto las formas que dibujan los árboles de los alrededores.**
SUPERIOR DERECHA **El salón se halla rodeado de una enorme cristalera transparente que, a pesar de su aparente sencillez, responde a un auténtico reto de ingeniería y construcción.**
DETALLE **La delicada geometría que combina la solidez de las paredes de obra con la transparencia de las de cristal se refleja en el estanque.**
DERECHA **La austeridad del mobiliario en los espacios interiores contrasta con la riqueza y el colorido del entorno.**

Rodeado de planos de transparente cristal, el salón proyecta un aire de calculado ascetismo que se ve subrayado por la sencillez y elegancia del mobiliario.

madera roja de cedro que con el tiempo acabarán adquiriendo un tono plateado.

El plano de la casa se basa en la clásica forma helicoidal, con paredes altas y alargadas que se prolongan más allá del recinto propiamente dicho hasta llegar al estanque y el entorno circundante, dibujando de ese modo los principales senderos y zonas de paso. Se encuentra colocada de tal manera que nunca queda claro dónde acaba el bosque y dónde empieza la casa propiamente dicha. Esto último responde tanto a la necesidad de preservar los árboles como al deseo de poder disfrutar de enormes vistas sobre el jardín, ocupado en gran parte por el estanque artificial. Cada una de las tres

grandes paredes que se proyectan desde la casa delimitan un espacio diferente. El patio de la entrada es austero y si bien el compacto vestíbulo de la misma apenas disfruta de vista hacia el exterior, son precisamente las diferentes vistas interiores con que cuenta, de extremo a extremo de la casa, las que hacen que parezca increíblemente grande. Dicho vestíbulo conduce al salón, con sus amplias vistas del estanque y los árboles circundantes.

En uno de los extremos del estanque hay una isla que se convierte en un centro de atención tanto de día como de noche, cuando la iluminan varias luces. Los márgenes del estanque son rectos y cuentan con un impoluto césped a un lado y un selvático bosque de árboles a otro, en el que ya empiezan a prosperar los primeros carrizos. Al otro lado del vestíbulo de entrada hay un conjunto de dormitorios que van a dar al tranquilo patio interior, presidido por una magnolia en medio de un parterre de césped.

Bañados por la luz que entra a raudales a través de las paredes acristaladas, los interiores son simples espacios de color blanco que contrastan con el paisaje y el reluciente estanque de fuera.

Los espacios concebidos como salón se encuentran en el interior de dos estructuras perfectamente rectangulares delimitadas por cristaleras sin enmarcar. El salón principal presenta la forma de un cuadrado doble en el que los diferentes ambientes quedan delimitados por medio de cambios en el recubrimiento del suelo, ya sea a través de baldosas de piedra caliza o de alfombras, fiel reflejo, por otro lado, de las variaciones de textura presentes en el patio y el jardín posterior. El manto de la chimenea alberga, en un alarde de ingenio, la televisión, la chimenea propiamente dicha y una leñera habilitada en un hueco con el fondo negro. En la zona de la cocina y el comedor reina la flexibilidad de la mano de un juego de elementos divisorios hasta el techo, correderos y plegables, así como de dos mesas móviles que permiten transformar en un momento una distribución informal de planta abierta con un banco en línea, en una mesa cuadrangular más formal en el centro de la habitación y con la encimera de la cocina fuera de la vista.

La zona de los salones da al oeste, mientras que los dormitorios quedan al este. Cada uno de ellos cuenta con una pared de ladrillo a un lado y un cierre transparente de cristal al otro. El resultado presenta un aspecto muy simple, pero la clave de su éxito radica en las múltiples aberturas con que cuenta el techo: los dormitorios se ventilan por medio de unos tragaluces que se abren automáticamente, y en el desnivel que existe entre el ala de los dormitorios y la zona de los salones se ha formado con una claraboya, de manera que parezca que el techo flote.

Las luces de color blanco y azul instaladas en lo alto de los armarios se combinan con la luz natural procedente de todas las direcciones, de lo que resultan unos interiores con una intensidad digna de cualquier instalación de James Turrell. El ala de los dormitorios da a uno de los costados de un recinto ajardinado en cuyo centro hay un parterre cuadrado de césped rodeado de grava negra. Se pretende que, con el tiempo, las caras interiores de las paredes del recinto queden recubiertas de hiedra y otras plantas trepadoras hasta formar una superficie totalmente verde que contraste con la desnudez y austeridad del patio de entrada.

El Reino Unido cuenta con una poderosa tradición Arts and Crafts basada en la exaltación del edificio mismo y de los materiales empleados en su construcción. Nada de eso encontramos en esta casa, donde prima la obsesión por la belleza en su forma más pura y sensual, a pesar de que para conseguir esas formas aparentemente tan sencillas se haya tenido que recurrir a soluciones de una gran complejidad técnica. Así, el techo, que parece una enorme baldosa lisa, es en realidad una elaborada estructura de acero y madera sostenida en varios puntos. Las paredes acristaladas, a su vez, tan sencillas a simple vista, constituyen todo un reto de ingeniería en el que la hoja de cristal exterior, de 15 mm de grosor, se incrusta en el suelo y se encaja en una ranura continua en el techo; la cara interior de baja radiación posee un grosor total de 40 mm. El resultado es una membrana diáfana y reluciente que difumina misteriosamente los límites entre el interior y el exterior.

La simplicidad de la casa radica en parte en un diseño que prescinde de muchos de los elementos habituales en cualquier vivienda. Así, no hay interruptores ni albardillas, ni tampoco enchufes a la vista, y el hecho de que la calefacción sea por radiación desde el suelo hace innecesarios los típicos radiadores murales. Cada detalle está perfectamente diseñado tanto desde el punto de vista técnico como estético de manera que pase lo más desapercibido posible, un rasgo que constituye un sello característico de este estudio de arquitectos. Hasta las

tazas y la tetera del juego de té tienen su sitio detrás de unas puertas correderas cuando no se utilizan, y las puertas están niveladas por ambos lados. A su vez, la superficie del suelo de la zona principal de la casa se prolonga más allá del cierre acristalado desprovisto de marco alguno, y las paredes siempre presentan el mismo grosor, con lo que se eliminan las diferencias entre el interior y el exterior.

La composición entera descansa sobre un suelo de baldosas de piedra caliza que llega a todos los rincones de la casa. La ausencia de distracciones visuales resultante constituye un bálsamo para los sentidos y, a la vez, provoca un sentimiento de admiración en quien lo contempla ante el esfuerzo realizado para llevarlo a cabo. Así, por ejemplo, los muros de obra descansan lateralmente sobre otros muros puestos a través o sobre columnas. Además, al tener que quedar totalmente lisos llevan en el interior un armazón de cemento a modo de refuerzo.

Las paredes de tres metros de altura están revestidas de un sofisticado sistema aislante que no sólo optimiza las prestaciones térmicas de las mismas, sino que además exige un mantenimiento mínimo que no precisa de las albardillas convencionales, ni tampoco de las hiladas a prueba de humedad ni de las juntas de dilatación, que bien podrían echar a perder la pureza absoluta del diseño arquitectónico perseguido.

El blanco impoluto de las paredes recuerda las casas de antes de la guerra concebidas por arquitectos británicos partidarios del movimiento moderno como F. R. S. Yorke y Maxwell Fry, tan aficionados a las formas puras del cubismo y a las virtudes escultóricas del cemento (por aquel entonces, un novedoso material repleto de posibilidades) en combinación con las grandes superficies de cristal a la hora de crear un revolucionario modelo de casa más abierta y luminosa. Y si bien las casas del movimiento moderno creadas allá por los años treinta no tardaron en presentar sus primeras goteras y grietas, lo cierto es que los avances experimentados desde entonces en el campo de la construcción han permitido crear casas mucho más resistentes a las inclemencias del tiempo, así como próximas al ideal de pureza formal.

Como en la mayoría de los proyectos arquitectónicos, el diseño evolucionó progresivamente. La intención inicial, que consistía en crear una casa de cristal mágica en un enclave frondoso e incrementar al máximo la sensación de inmaterialidad en los límites entre el exterior y el interior, se desarrolló conjuntamente con otros aspectos, como era el deseo de ver la casa en la distancia y, para los dormitorios la creación de un jardín cerrado de formas más suaves, que proporcionara mayor intimidad. Todo ello se resolvió de una forma admirable en el diseño final. La hábil distribución del espacio, la luz y los materiales han convertido Skywood no sólo en una gran casa, sino en una verdadera obra maestra de la arquitectura moderna, en el sentido más genuino de la palabra.

INFERIOR **Las paredes y los suelos lisos proporcionan una gran elegancia al conjunto.**

EXTREMO INFERIOR, IZQUIERDA **Un largo corredor con vistas al jardín conduce a la zona de los dormitorios.**

EXTREMO INFERIOR, DERECHA **Las habitaciones dan a un protegido jardín vallado, lo que proporciona una sensación de intimidad y sosiego. La hiedra y la enredadera que cubren los muros del jardín crean un rincón de exuberante verdor que contrasta con la austeridad de la entrada a la casa.**

ESTA FOTOGRAFÍA **La cocina**
y el comedor están separados por una
pantalla que puede plegarse para dejar
paso a un espacio continuo.
EXTREMO DERECHA **Los reflejos del**
sol crean extraños y fantasmagóricos
dibujos en la superficie del lago.
INFERIOR **Al anochecer, el reflejo**
invertido de la casa en las aguas
quietas y transparentes hace que
ésta parezca más grande y brillante.

Un pabellón luminoso

ARQUITECTO: **BATAILLE & IBENS**

Esta vivienda familiar del estudio belga Bataille & ibens explota las técnicas de construcción con módulos prefabricados con objeto de conseguir un entorno habitable que fuera particularmente flexible. Imbuido de un acusado funcionalismo industrial, el diseño se basa en una ligera estructura de acero y una distribución en módulos, así como en un sistema de elementos divisorios móviles, de manera que los diferentes espacios se puedan modificar fácilmente según exijan las circunstancias. Tributaria de la técnica de construcción de naves industriales, esta austeridad de formas y flexibilidad espacial entronca claramente con el movimiento moderno, desde la paradigmática Eames House de California hasta, más recientemente, las casas de arquitectos como Michael y Patty Hopkins, construidas en Londres hacia mediados de los años ochenta. Ambos casos, y a pesar de lo diferente del emplazamiento (la Eames House se encuentra en una finca de las afueras, mientras que la casa de los Hopkins ocupa lo que fuera una casa pareada dentro de la ciudad), ilustran todo el potencial de las estructuras de acero simples en combinación con paredes de cristal a la hora de dar forma a una nueva y dinámica modalidad de arquitectura doméstica.

Rodeada de bosque, la casa de Bataille & ibens se halla situada en un plácido distrito a las afueras de Amberes. Al igual que la mayoría de las casas de los alrededores, responde al modelo de la antigua villa, si bien su enigmática translucidez y reduccionista composición hacen que pase casi desapercibida desde el exterior. De hecho, vista desde la calle bien podría pasar por una oficina o incluso por una nave industrial compuesta de una única planta con varios módulos y el techo ligeramente inclinado hacia la puerta principal. Este último, fabricado con láminas de acero ondulado, descansa sobre unas esbeltas columnas, también de acero, y forma una especie de voladizo que cubre toda la zona de la entrada a modo de zaguán. Las paredes, de cristal translúcido, resguardan el interior de la casa de las miradas del exterior, pero, en vez de aislarla por completo, dejan entrever el mundo privado que albergan en su interior.

SUPERIOR **La casa es un pabellón acristalado cuya estructura en módulos de acero posee un acusado aire industrial, suavizado sin embargo por el bosque circundante.**
IZQUIERDA **La entrada principal enmarcada por paredes translúcidas se compone de dos pequeños patios.**

Inspirada en el funcionalismo industrial, la casa posee una composición translúcida y reduccionista que hace que pase casi desapercibida.

SUPERIOR **El salón da a una terraza, de manera que los inquilinos de la casa puedan disfrutar del aire libre los días de buen tiempo. El techo plano, sostenido sobre una ligera estructura de acero, se prolonga a modo de alero para permitir resguardarse de la intemperie. La frondosa vegetación de los alrededores envuelve toda la casa.** PÁGINA SIGUIENTE **Las cristaleras difuminan los límites entre el interior y el exterior de la casa y desempeñan un papel fundamental a la hora de definir la estrategia espacial de la misma. Tanto las paredes como el techo del patio son totalmente de cristal, lo que permite el paso de la luz al interior.**

En el centro de la vivienda hay un patio ajardinado. Gran parte de éste está ocupado por un estanque y, como si se tratara de un jardín zen japonés, constituye el apacible corazón de la casa, remanso de paz y quietud. En su disposición entronca también con el típico patio mediterráneo que sirve para hacer que la luz llegue hasta el interior de la casa a la vez que como climatizador natural. En este caso, no obstante, su diseño responde a una relectura mucho más actual con dos recintos adicionales cerrados con cristaleras, anexos a la calle principal.

El plano compuesto de nueve intercolumnios dibuja la forma de un sencillo rectángulo dividido en dos áreas principales. En el lado que da a los dos patios exteriores adornados con multitud de plantas que conforman un pantalla verde hay un estudio, una habitación para varios usos y cuatro habitaciones individuales para los niños o invitados que, a su vez, res-

guardan el salón y los otros dormitorios que se encuentran al otro lado de la casa.

El vestíbulo de la entrada conduce directamente a un patio interior dominado por el agua. Dada la climatología imperante en la zona, dicho patio no queda al aire libre, sino que permanece rodeado por una cristalera que permite en todo momento a los inquilinos de la casa disfrutar de la vista del agua y la luz natural.

Las zonas del salón, la cocina y el comedor, además del dormitorio principal, se encuentran ubicadas en el lado más resguardado de la casa, justo el que da al frondoso bosque colindante. Cada uno de dichos espacios conduce a una terraza con listones de madera a través de una simple puerta corredera de cristal, con lo que en los días de buen tiempo se puede salir al exterior. El conjunto se ha diseñado de manera que el resultado sea lo más flexible y fluido posible y que los diferentes elementos divisorios mó-

DERECHA **El plano responde a la típica disposición de las casas con patio interior, en el que los diferentes ambientes que las componen están dispuestos alrededor de un espacio central descubierto. El modelo de referencia es el patio tradicional mediterráneo que permite que la luz natural entre por toda la casa al mismo tiempo que contribuye a regular la temperatura de la misma. En el lado que da a la calle se encuentran los dormitorios secundarios, un pequeño estudio y la cocina, que a su vez dan a sendos patios cerrados. Tanto el salón como el comedor conducen, al igual que el dormitorio principal, al lado más resguardado de la casa que da al bosque. Cada uno de dichos espacios está comunicado a su vez con una terraza por medio de puertas correderas. Basado en una distribución de planta rectangular, el plano resulta tan flexible como fluido gracias a la presencia de toda una serie de elementos divisorios móviles que permiten crear múltiples relaciones espaciales. Todas las habitaciones están comunicadas entre sí de una manera bastante informal, realzando de ese modo la sensación de amplitud.**

Con un estanque y multitud de plantas cuidadosamente seleccionadas, el patio acristalado se erige en el auténtico corazón luminoso de la casa. Las cristaleras y el techo al descubierto permiten que la luz natural llegue hasta el último rincón de la misma y, tanto el mobiliario como los diferentes complementos pretenden reflejar el espíritu inventivo y funcional que la preside.

PÁGINA SIGUIENTE **Las paredes correderas de cristal marcan el límite entre la terraza y el salón. La casa ilustra a la perfección el potencial que resulta de combinar un sencillo armazón de acero con paredes de cristal a la hora de crear una innovadora modalidad de arquitectura doméstica fácil de construir e integrada en el entorno. Es precisamente esa composición modular la que en última instancia dota a la casa de su enorme flexibilidad. Si con el tiempo los inquilinos decidieran mudarse, bastaría con que desmontaran la casa y la ensamblaran en el nuevo emplazamiento.**

SUPERIOR **La cocina tan elegante como funcional da al jardín. Como en el resto de la casa, en ella dominan las líneas desnudas y la más absoluta sencillez, fiel reflejo de la voluntad de los arquitectos por reducir la arquitectura hasta su más simple y poética esencia, algo perfectamente compatible, con la elegancia de los detalles.**
DERECHA **La casa, totalmente cerrada por medio de cristaleras, responde a las cambiantes necesidades de la vida cotidiana. Su recubrimiento exterior, dominado por paneles de cristal, hace las veces tanto de pared como de puerta, lo que le confiere una enorme versatilidad.**

viles se puedan cambiar de lugar para crear múltiples relaciones espaciales.

La casa constituye, por tanto, un escenario adaptable a las necesidades cambiantes de la vida cotidiana. Las habitaciones se funden unas con otras, creando una gran sensación de amplitud y luminosidad, lo que el patio con agua y las cristaleras acentúan. Reluciente bajo los rayos de sol, el estanque proyecta hacia los espacios del interior destellos de luz salpicados de sombras, y el cristal presente en toda la casa desempeña un papel fundamental en la estrategia de transparencia y en la interpretación espacial de la misma. A ex-

cepción de los cimientos, de cemento, todos los elementos estructurales de la casa son prefabricados y se ensamblaron para la ocasión. El ligero armazón de acero sostiene en lo alto un sencillo techo plano de metal ondulado, de diseño eminentemente funcional. Las paredes a su vez se componen de paneles de cristal que hacen las veces de puerta. Es precisamente esta disposición la que, en última instancia, dota a la casa de su enorme flexibilidad: si llegado el momento los inquilinos deciden mudarse, bastaría sencillamente con que desmontaran la casa y la ensamblen en el nuevo emplazamiento.

En su búsqueda por diseñar un espacio contundente y sensual a un mismo tiempo, Bataille & ibens apuesta por un enfoque decididamente minimalista. Su propósito es lograr el mayor grado de coherencia entre el proyecto subyacente y la construcción resultante, reduciendo con ello la arquitectura a su mínima expresión. En un mundo saturado de imágenes tan complejas como contradictorias, Bataille & ibens aboga por un retorno a un enfoque en el que el poder del silencio pugna por hacerse con el sitio que le corresponde. Esta casa, apacible, luminosa y flexible a la vez, constituye un convincente ejemplo de esa firme apuesta, así como una poética manifestación del «menos es más» de Mies van der Rohe.

Emplazado en medio del bosque, el delicado pero robusto pabellón de cristal proporciona un entorno flexible para el transcurso de la vida familiar y cotidiana.

Translucidez en medio del bosque

ARQUITECTO: **BATAILLE & IBENS**

IZQUIERDA **Desde el vestíbulo de entrada se disfruta de vistas al jardín de la parte posterior de la casa.**
EXTREMO IZQUIERDA **Un techo amansardado de cristal ilumina la zona del comedor.**
EXTREMO IZQUIERDA, SUPERIOR **Una de las paredes de la entrada se compone de multitud de paneles de cristal translúcido.**
SUPERIOR IZQUIERDA **Por el techo de cristal entra la luz a raudales, tamizada tan sólo por las copas de los árboles.**
SUPERIOR **Los fragmentos de cristal intercalados en la pared de ladrillo ofrecen destellos fugaces desde el exterior.**
EXTREMO SUPERIOR **La prolongación del armazón de acero da forma a una galería alrededor de la casa.**

El margen oriental del valle belga de Zenne alberga algunos de los paisajes más bellos de todo el país. En las frondosas afueras de una de sus poblaciones, Bataille & ibens recibió el encargo de construir una casa de grandes dimensiones. La vivienda resultante destaca por lo poco convencional tanto en su diseño como en los materiales empleados. Al igual que en la casa de las afueras de Amberes (*véanse* págs. 30-37), el estudio de arquitectos optó por una arquitectura de acusada funcionalidad, inspirada en la simplicidad y el rigor de las naves industriales, si bien no exenta de cierto tratamiento sensual del espacio y la luz.

Bataille & ibens optó por combinar una estructura de acero con cristal que diera como resultado un elegante pabellón acristalado, ligero y robusto al mismo tiempo. Pese al entorno rural en que se encuentra la casa, apuesta por un diseño urbano, casi industrial. Todo en ella es sencillez, austeridad y lenguaje explícito. Los detalles de la construcción aparecen lúcidamente manifiestos y, algo que resulta muy interesante, se ha evitado en todo momento un diseño que fuera un burdo pastiche de la típica casa solariega belga.

Situada en un claro en medio del bosque, la casa presenta una planta rectangular bastante sencilla y de un único piso que descansa sobre una estructura de acero que se prolonga más allá de la vivienda hasta crear una especie de porche. Esa misma estructura de acero forma también una estrecha galería o pérgola que delimita el camino que lleva a la puerta de entrada. El plano rectangular se halla diseccionado a lo ancho por un vestíbulo de entrada que separa el salón principal, en uno de sus extremos, de los dormitorios y de los baños que hay en el otro. El salón, dispuesto alrededor de la cocina, ofrece un espacio

fluido de planta abierta que se comunica con la terraza de la parte posterior de la casa.

El plano del techo se curva hasta formar un techo amansardado en ángulo y revestido de zinc del que salen unos paneles verticales de cristal transparente. Diseñado para permitir el paso de la mayor cantidad de luz natural posible, el imponente techo amansardado recuerda la forma de los estudios de los artistas. Además, permite ganar altura, con lo que el salón se convierte en un espacio de volúmenes altos y espaciosos rematado en un techo de forma curvada. La superficie inclinada de dicho techo de cristal permite aprovechar la luz natural durante el día, que en verano queda tamizada por las frondosas copas de las hayas colindantes.

Sobre los dormitorios se ha aprovechado el espacio sobrante para instalar un entrepiso que da al salón. Dicho entrepiso, al que se accede por medio de un tramo recto de escaleras, alberga un estudio y una biblioteca y constituye un refugio con respecto al resto de la casa. Tanto el dormitorio principal como los dos dormitorios juveniles se encuentran situados en la parte posterior de la vivienda justo frente al jardín. El mobiliario y los demás complementos destacan por su comedido refinamiento, basado en una cuidadosa selección de los ma-

SUPERIOR **Las plantas del exterior se reflejan en la ventana de la cocina.** DERECHA **La luz tamizada envuelve las vistas del exterior en un velo que transforma el interior en una luminosa crisálida. La luz se filtra a través del diáfano recubrimiento exterior de la casa, preservando no obstante la intimidad en la misma. De vez en cuando se intercalan ventanas de cristal transparente para enmarcar una vista determinada.**

La pared de pavés forma una especie de velo vaporoso alrededor de la casa que difumina la luz al tiempo que preserva la intimidad.

DERECHA **El techo amansardado permite ganar altura, de ahí que sobre los dormitorios se haya podido instalar un entrepiso que da a la cocina, al comedor y al salón, y en el que se ha habilitado un estudio y una biblioteca. Desde él se percibe a la perfección el contraste entre el techo de cristales transparentes y la pared de pavés translúcido. En ambos casos la luz que penetra dota de vida el interior.**

INFERIOR Y SUPERIOR **Como si se tratara del estudio de un artista, el techo amansardado de cristal realza la luminosidad del espacio interior al tiempo que aumenta la sensación de espacio.**
DERECHA **Los dormitorios se hallan en el lado más resguardado de la casa que da al jardín situado en la parte posterior de la misma.**
INFERIOR DERECHA **El salón es un espacio fluido de planta abierta comunicado con una terraza exterior.**
PÁGINA SIGUIENTE **La pared de pavés viene a ser como una membrana translúcida a la manera de los biombos japoneses de papel de arroz. A pesar de ser de cristal, el pavés es un buen aislante, de manera que la pérdida de calor es mínima.**

teriales y la sobriedad de la gama cromática, centrada básicamente en los blancos y los grises. El suelo de toda la casa está recubierto de resistentes baldosas de un color gris oscuro que combina con el gris de las vigas de acero. Las paredes de obra a su vez se han pintado de un austero color blanco que contrasta con el frondoso verde de la vegetación circundante.

Las dos fachadas principales de la casa contienen cristal, si bien aplicado de manera diferente. La de la parte posterior a la que dan el salón y los dormitorios se ha recubierto con paneles de cristal transparente para de ese modo subrayar la sensación de contacto con la naturaleza y disfrutar de mejores vistas sobre el jardín. En cambio, en la fachada de la entrada las paredes se componen de pavés translúcido que reviste la casa como con una vaporosa membrana. En ambos casos la luz penetra a raudales sin por ello comprometer la intimidad del interior.

La nebulosa luz que entra difumina la visión exterior como si se viera tras un velo, convirtiendo el interior de la casa en una luminosa crisálida. De vez en cuando se intercalan en las paredes ventanas de cristal transparente para enmarcar una vista determinada, como por ejemplo en la cocina, donde la ventana da a la entrada. En este lado de la casa la vista que predomina es la de las copas de los árboles que se observan a través del techo acristalado.

El peculiar empleo del cristal que se hace en esta casa recuerda al realizado por Pierre Chareau en su Maison Dalsace, también conocida con el nombre de Maison de Verre («casa de cristal»). Terminada de construir en 1931, fue uno de los primeros proyectos arquitectónicos en los que se apostó firmemente por el valor estético y funcional del pavés. Ubicada en un pequeño patio del barrio Latino de París, se compone de una estructura de acero sobre la que descansa una enorme pared de pavés translúcido de forma cuadrangular y con una lente circular en el centro. El resultado es un reluciente recubrimiento exterior que al mismo tiempo que preserva el interior de las miradas indiscretas ilumina el interior del patio parisino en mitad de la noche. Las franjas de cristal transparente que se han intercalado ofrecen esbozos del exterior, creando así una sensación de aislamiento y alejamiento del mundo exterior.

La austeridad del cristal junto con el blanco de las paredes contrasta con la frondosidad de la vegetación circundante.

El pavés tiene tras de sí una tortuosa historia que se remonta a principios del siglo XIX, cuando se comenzó a emplear para permitir el paso de la luz natural al interior de los barcos y edificios. En el cementerio londinense de Saint Paul se conservan ejemplos de fragmentos de cristal de forma circular incrustados en piedra o rematados con un marco de hierro y que, a su manera, constituyen el primer precedente del moderno pavés. A principios del siglo XX se pusieron de moda en las calles más angostas de Francia y Alemania las baldosas de cristal con marco de metal como solución para iluminar con luz natural las habitaciones situadas en el sótano donde vivía el personal de servicio. En un princi-

pio, el pavés era de cristal sólido, pero a mediados de los años treinta Corning Glassworks, una empresa norteamericana fabricante de cristal, creó un tipo de pavés fabricado con un cristal resistente al calor que en un momento dado del proceso de fabricación se vaciaba parcialmente hasta dejarlo hueco por dentro.

Hacia 1938 el pavés ya se fabricaba a gran escala mediante la fusión de dos mitades de cristal prensado con una cavidad semihueca entre ellas, con lo que se obtenía un ladrillo tan transparente y aislante como pueden ser los actuales módulos de doble acristalamiento. Durante los años cincuenta y sesenta, el pavés se puso de moda y en los últimos años está experimentando de nuevo cierto auge. Hoy en día se vende en una amplia gama de formas, texturas y tamaños, y al estar dotado de la misma flexibilidad que los ladrillos tradicionales se emplea tanto para levantar muros exteriores como para la construcción de todo tipo de tabiques y demás elementos divisorios de interior en una amplia gama de formas, desde los sencillos octogonales a los más complejos de formas curvas y zigzagueantes.

La fachada de pavés de esta casa de Bataille & ibens parece una aparición, una evanescente superficie de cristal reluciente que contrasta con las elegantes líneas de las vigas de acero. El efecto de velo del cristal translúcido de la pared de pavés entronca con el comentario que Le Corbusier realizara al gran arquitecto austríaco Adolf Loos, cuando afirmaba que «un hombre cultivado no mira nunca por la ventana, sino que ésta se halla ahí tan sólo para iluminar, no para mirar a través de ella». El extremo exterior de las paredes es del todo opaco, como si se tratara de un soportalibros que enmarcara la luz y la transparencia que fluye en medio. Las losas de cemento donde acaban las paredes se han sometido a un chorro de arena a presión para que envejezcan de una manera más natural, conjuntamente con el resto de la casa. A su vez, el armazón de acero pintado de un gris oscuro subraya la sensación de que nos encontramos ante una arquitectura robusta pero expresiva, al mismo tiempo que apuesta por experimentar con los materiales.

La austera gama de blancos y grises dibuja un fondo neutro para las actividades de la vida en familia.

Retiro bucólico

ARQUITECTO: **SIDNAM PETRONE GARTNER**

DERECHA **Parece como si la casa fuese una prolongación natural de las rocas. La entrada se encuentra en un piso intermedio, con el salón principal a mano derecha y un recinto más pequeño con el garaje y las habitaciones para los invitados a mano izquierda.**
PÁGINA ANTERIOR E INFERIOR
El enorme recinto acristalado del salón se prolonga hasta las mismas rocas de afuera, lo que permite a los inquilinos de la casa experimentar un contacto muy directo con la naturaleza. Las enormes paredes de cristal se componen de múltiples paneles de diferentes tamaños de cristal dispuestos como por azar, mientras que el techo, de grandes dimensiones, se compone de láminas de metal ondulado, lo que le confiere al conjunto un aire rústico e informal.
INFERIOR DERECHA **La angulosa e informal geometría de la casa se integra plenamente con el entorno, al tiempo que permite salvar sin problemas los desniveles del emplazamiento. El salón principal se halla rodeado de una terraza exterior y una chimenea que atraviesa el techo inclinado y que sirve de anclaje a las lisas paredes de cristal.**

El frondoso paisaje del interior del estado de Nueva York constituye un refugio ideal frente al frenesí de la vida en la gran ciudad, de ahí que un refugio en un paraje virgen situado en medio de un entorno rural todavía puro se convierta en una proposición difícil de rechazar. Para un arquitecto, el encargo de diseñar un lugar donde poder refugiarse del bullicio de la ciudad y seguir de cerca el ciclo de la vida en contacto directo con la naturaleza constituye todo un reto. En este caso, y a diferencia de otros encargos, el arquitecto debe ignorar las construcciones de los alrededores con el fin de lograr ese sentimiento tan esquivo como reconfortante que embarga al entrar en comunión con la naturaleza.

El estudio de arquitectura Sidnam Petrone Gartner, con sede en Nueva York, recibió el encargo de diseñar una casa en medio de un paraje boscoso salpicado de promontorios rocosos y con una orografía realmente compleja. El objetivo era captar la esencia del paisaje proporcionando a los clientes una especie de refugio desde donde contemplar y entrar en contacto con la naturaleza. Ubicada en lo alto de un promontorio, la casa está plenamente integrada en el entorno, como si se tratara de una mera prolongación rocosa del terreno sobre el que se alza.

Los desniveles del terreno se han aprovechado para crear múltiples espacios habilitados como salas de estar y dormitorios comunicados entre sí como un rompecabezas chino. La planta de la casa tiene forma de «L» y el trazo más corto de la misma corresponde a los dormitorios y el garaje, mientras que el trazo más largo lo ocupan el salón y el comedor. En el punto en que confluyen ambas alas de la casa se encuentra el vestíbulo de entrada, justo en el piso intermedio, donde están también el garaje y el dormitorio principal, que a su vez da a una terraza exterior de grandes dimensiones. En el piso superior hay tres habitaciones para los invitados.

Del vestíbulo de entrada arranca una escalera que conduce, en sentido descendente, al salón principal de la casa; un enorme espacio a dos alturas que se erige en el auténtico corazón espacial y social de la vivienda. Totalmente acristalada, la imponente estructura de

esta sección de la casa, situada junto a unas rocas al descubierto, viene a ser como la versión moderna de un invernadero, en cuyo interior tienen cabida, en una fluida disposición de planta abierta, los diferentes espacios de la cocina, el salón y el comedor, todos ellos coronados por un enorme techo inclinado que comprende el vestíbulo de entrada y el dormitorio principal, y que constituye el elemento dominante del paisaje, al tiempo que facilita la transición entre los diferentes niveles de la casa.

En el extremo norte de la casa se encuentra la otra ala, más pequeña que la anterior y con un techo inclinado en ángulo recto que alberga las habitaciones de los invitados. La forma angulosa del techo queda contrarrestada por la gran chimenea que hay en el extremo sur y que sirve para anclar el revestimiento acristalado del salón al tiempo que enmarca las vistas sobre el paisaje rocoso que se divisa más allá. La estructura de acero de la habitación grande se ha dejado al descubierto y en algunos tramos va más allá de las propias paredes de la casa, como para subrayar la diferencia entre lo que es fruto de la mano del hombre y la naturaleza.

Comparada con el clásico pabellón acristalado de Mies van der Rohe, con su rígida forma ortogonal y su construcción sin fisuras, la geometría de esta casa resulta mucho más relajada e irregular. Las esquinas se desdibujan hasta formar ventanas, los techos son deli-

El inmenso y luminoso recinto del salón principal se halla rodeado de una gran profusión de plantas y árboles, y una estructura de acero sostiene el imponente techo. El delicado revestimiento acristalado del salón, que separa el interior del exterior, se compone de multitud de cristales de diferentes tamaños. El efecto es aún mayor al constatarse el contraste entre el interior, con su elegante mobiliario, y el selvático exterior. En definitiva, la casa se convierte en un refugio civilizado desde donde poder admirar el paso de las estaciones y los cambios en el indómito paisaje.

Delimitada por una lustrosa pared de cristal, la casa se convierte en un refugio civilizado desde donde contemplar la naturaleza.

IZQUIERDA **La alargada chimenea de diseño minimalista sirve de anclaje al fluido espacio del salón. El mobiliario diseñado por Mies van der Rohe aporta un toque de civilizada elegancia.**
SUPERIOR, IZQUIERDA A DERECHA **A medida que el sol se desplaza, las sombras animan el interior.**
DERECHA **Magistralmente diseñadas, las superficies de cristal determinan el modo en que se perciben los alrededores desde el interior de la casa que, de acuerdo con la tradición arquitectónica del movimiento moderno, se vale de los diferentes elementos para enmarcar y definir las vistas del paisaje circundante.**
EXTREMO DERECHA **La sobria escalera se compone de delgadas láminas de acero a modo de peldaños y una barandilla con cables tensados. Los balaustres, a su vez, se componen de ligeras hojas de acero perforadas para no bloquear el paso de la luz. Los candelabros antiguos que hay junto a la chimenea introducen un interesante punto de contraste entre lo nuevo y lo antiguo.**

beradamente angulosos y el revestimiento acristalado de la sección principal de la casa se compone de varios paneles de cristal de diferentes medidas, creando con ello el efecto de un mosaico informal. El techo se ha construido con láminas de metal ondulado, un material funcional y relativamente económico de uso habitual en las granjas y las naves industriales.

Los interiores se han amueblado mínimamente y en su decoración se han empleado materiales elegantes y austeros. El salón está presidido por un par de sillas modernas y una tumbona diseñada por el propio Mies van der Rohe. La ceremoniosa escalera que conduce en sentido descendente hasta el salón es tan sobria en sus detalles que parece salida de un loft urbano: las huellas de los peldaños están hechas con delgadas láminas de acero, mientras que la barandilla se compone de cables tensados entre barras verticales también de acero. La chimenea, de diseño minimalista, tiene ante sí toda una serie de candelabros antiguos que introducen una llamativa nota de contraste visual y de texturas. Pero el principal mobiliario es la naturaleza misma presente tras las cristaleras en toda su exuberancia. La casa, concebida como un retiro íntimo en medio del

campo, ofrece, sin embargo, todas las comodidades de la vida moderna.

El auge de lo campestre se remonta al siglo XIX, cuando florecieron por vez primera las ideas que propugnaban la relación del hombre con su entorno, ya fuera llevando la naturaleza al interior de las casas por medio de reproducciones paisajísticas o bien, de acuerdo con la tradición arquitectónica del movimiento moderno, enmarcando el paisaje exterior para disfrutarlo desde dentro de las viviendas. El resultado de todo ello ha sido la consolidación de una firme apuesta por forjar una relación de carácter exclusivo entre la casa y la naturaleza circundante.

En este caso, las enormes cristaleras de las fachadas cobran un gran protagonismo en tanto que se erigen en el principal medio arquitectónico de comunicación entre los espacios del interior y la naturaleza del exterior. Mediante un ingenioso empleo del cristal a la hora de encuadrar, focalizar y definir el modo en que se percibe la naturaleza circundante desde el interior de la casa, los arquitectos han conseguido subrayar, ejemplificar y civilizar esa relación tan profunda como eterna entre el hombre y la naturaleza.

SUPERIOR, DE IZQUIERDA A DERECHA
**Las cristaleras traen el jardín al
interior de la casa y las paredes curvas
de obra resguardan de vistas
inoportunas, al tiempo que flanquean
la entrada principal.**
INFERIOR **La casa se ha diseñado
alrededor de una enorme cristalera
en forma de media luna que discurre
paralela al salón.**
INFERIOR, EXTREMO DERECHA **Unas
puertas altas van a dar al jardín.**

Media luna de cristal

ARQUITECTO: **KEN SHUTTLEWORTH**

Vista desde lo lejos al atardecer en un día de invierno, esta casa situada en el condado inglés de Wiltshire reluce tras el fino velo de los troncos desnudos de los árboles. La enorme cristalera de forma cóncava deja traslucir breves estampas de los espacios brillantemente iluminados del interior. A la casa se llega, no obstante, desde la parte trasera, en la que un muro blanco de obra, de forma también curva, se levanta imponente a la luz del crepúsculo.

El diseño de la casa se desvela de forma gradual. La planta recuerda la forma de dos cruasanes dispuestos uno dentro del otro, con las entradas situadas a ambos extremos del espacio intermedio resultante y que los hijos de los dueños convierten, como por arte de magia, en una galería. La cristalera transparente en forma de media luna da al sudeste, donde se encuentra el jardín. El contundente muro blanco de obra, también con forma de media luna, queda ligeramente desplazado, de manera que la alta galería que hay entre las dos medias lunas se estrecha de sur a este. La entrada principal se compone de una puerta de tres metros de ancho dispuesta bajo un muro de cemento que hace las veces de dintel.

Todas las actividades relacionadas con la vida en familia (cocinar, comer, jugar, sentarse en el salón) tienen lugar en la parte acristalada de la casa, cuyo elegante interior ininterrumpido con forma de media luna da al jardín a ambos extremos del mismo. Delimitado por una

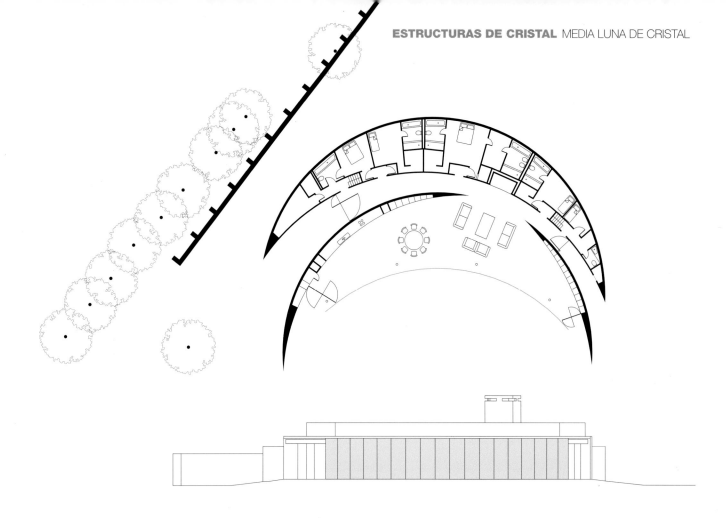

enorme cristalera cóncava y lisa de 24 m de longitud, dicho espacio se encuentra completamente rodeado de césped. En la cristalera hay una abertura que atraviesa la galería, cubierta con un tragaluz, y acaba en una enorme chimenea.

La otra media luna, que alberga los diferentes dormitorios y baños, resulta a su manera tan peculiar como la sección acristalada de la casa. Los dormitorios, dispuestos en una enorme media luna, carecen de ventanas, pero poseen en cambio un tragaluz alargado en el lado exterior, de manera que cuando se está en la cama se ven las estrellas. La distribución de los dormitorios, separados unos de los otros, contrasta con el espacio curvo y sin obstrucciones de la otra sección de la vivienda.

Se ha optado por el cemento como principal material de construcción, no sólo porque al otro lado de la casa hay una cementera, sino para dotarla de un buen aislamiento térmico que absorba y retenga el calor, compensando de ese modo las enormes superficies acristaladas. La orientación de estas últimas pretende evitar el recalentamiento excesivo de la casa durante el verano, así como aprovechar las mejores vistas. Por otro lado, su elegante acabado liso y uniforme es fruto de un meticuloso proceso de construcción en el que la base de los paneles de cristal, que alcanzan los cuatro metros de altura, sobresale en voladizo.

El diseño del paisaje circundante complementa y subraya el esquema circular del plano de la casa. La cristalera interior en forma de luna delimita parte del jardín, de forma circular y recubierto de césped, el cual a su vez se ha recortado dibujando círculos concéntricos. Estos últimos se superponen sobre un prado de mayores dimensiones plantado con heno y flores silvestres, y delimitado por un grupo de árboles de hoja caduca recién plantados.

El exterior de la casa, de un prístino color blanco, constituye un homenaje a las granjas tradicionales de Wiltshire. El blanco se va modificando y adquiriendo

calidez de acuerdo con la estación. Así, objetos tales como toallas, cojines, jarrones o la misma ropa de la casa varían en contraste con el clima, de manera que en invierno domina el rojo, en primavera el amarillo, en verano el azul y en otoño el verde. Es indudable que para vivir en una casa como ésta es necesario hacer gala de poca disciplina, pero la posibilidad de vivir en contacto directo con la naturaleza compensa con creces dicho esfuerzo.

El diseño de la casa, más allá de sus exigencias formales, responde a toda una serie de preocupaciones de tipo práctico y ecológico. A pesar de la enorme superficie de cristaleras, el consumo energético de la vivienda es el mismo que el de un chalet adosado de tres habitaciones y dos calderas. Existe también la posibilidad de instalar placas solares y depósitos de agua pluvial una vez que las energías alternativas resulten más rentables. La clave de este ahorro energético descansa en la estructura de cemento con ladrillos de relleno por la que se ha optado, que proporciona un notable aislamiento térmico, al tiempo que ayuda a conservar el calor, con lo que el interior nunca experimenta cambios extremos de temperatura. Durante las horas de más calor, en los días de verano, la casa queda a resguardo del sol gracias a la sombra que proyectan las copas de los árboles recién plantados, mientras que el tragaluz de la galería tamiza la intensa luz del mediodía. Por otro lado, el interior de la casa disfruta de una excelente ventilación, que en los días de calor más intenso el propio conducto de la chimenea favorece al conducir el aire caliente hacia el exterior. Incluso los cerca de mil árboles plantados junto a la casa cumplen su propio cometido, ya que la resguardan del deslum-

La forma en media luna protege del exterior al tiempo que define las vistas.

Todos los espacios donde transcurre la vida en familia se encuentran en el elegante interior de un recinto de forma curva delimitado por una enorme cristalera lisa.

brante sol de verano y hacen de pantalla frente al gélido viento de invierno.

Todos estos detalles son fiel reflejo de la enorme conciencia ecológica y respeto por el entorno que preside el proyecto, junto con esa voluntad, más espiritual que tangible, de comunicar los diferentes espacios entre sí.

En ese sentido, Shuttleworth no ha tenido que irse muy lejos para inspirarse, y es que la forma de media luna de la vivienda entronca claramente con los típicos monumentos circulares de carácter sagrado de la época neolítica, como Stonehenge y Avebury, situados en las cercanías, al tiempo que se hace eco de los misteriosos dibujos de forma circular hallados en los fosos y las avenidas excavadas tiempo atrás por los antiguos pobladores de Avebury. El diseño de la casa responde, sin embargo, a la realidad de la vida moderna en el campo. El edificio se halla ubicado en las afueras, rodeado por un bucólico paisaje a un lado y la fea estampa de una planta de reciclaje de residuos industriales y aguas fecales al otro, algo que sin duda ha condicionado en última instancia la planta en forma de protectora media luna. La vivienda en concreto se levanta en el límite de la finca, de manera que la planta de reciclaje quede a sus espaldas y sus ocupantes puedan disfrutar de hermosas vistas sobre el jardín. La solución

SUPERIOR **La cristalera en forma de media luna inunda el interior de luz natural, al tiempo que abre la casa al entorno circundante, llevando la naturaleza hasta el propio corazón de la vida doméstica. En uno de los extremos de la sección que alberga el salón, también con forma de media luna, se halla la cocina.**

IZQUIERDA **Tanto la cocina como el comedor y el salón se encuentran ubicados en un mismo espacio de forma curvada y sin separaciones.**

DERECHA **El interior se ha pintado por entero de color blanco, subrayando así el papel de la luz natural. El mobiliario se ha elegido por su austera elegancia y modernidad.**

El blanco del interior se modifica
al compás de las estaciones
mediante el cambio de color
de objetos tales como los
cojines o la ropa de cama. Los
objetos que adornan la librería
también contribuyen a animar
visualmente el interior, y es
que aunque se haya apostado
decididamente por una decoración
minimalista, los objetos de uso
cotidiano permanecen al alcance
de la vista. A diferencia de esta
sección de la casa, con su enorme
cristalera en forma de media luna
y un único espacio interior, la
sección que queda hacia dentro
alberga los diferentes dormitorios,
baños y vestidores, a los que se
accede desde un vestíbulo central
de forma curva. Éste dispone de
unas ventanas situadas en lo alto
que bañan el interior del mismo
con una delicada luz tamizada.

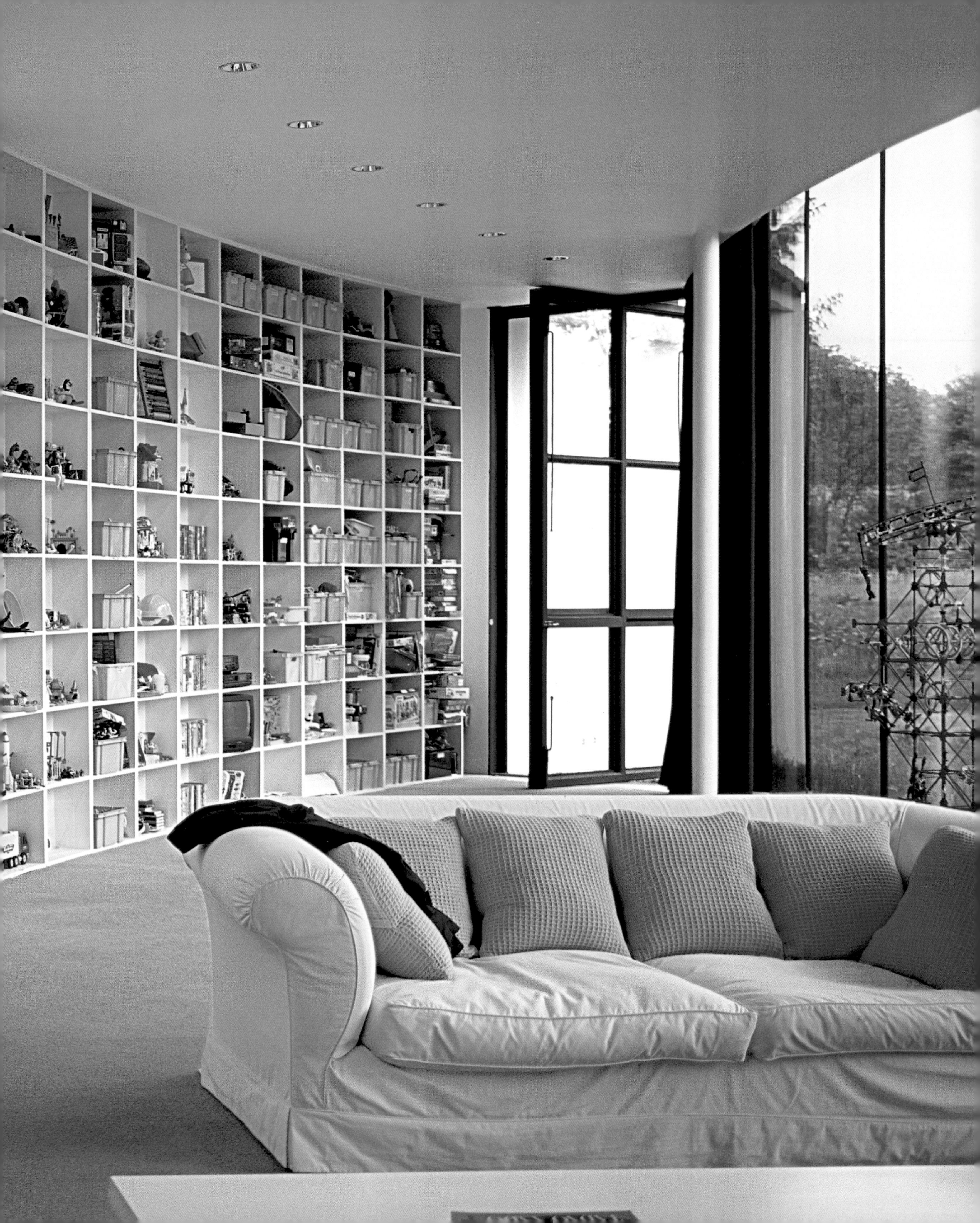

en forma de media luna viene a ser como una réplica de las antiguas murallas medievales, en las que las celdas quedaban al amparo tras el grosor de las mismas. De la misma forma, el muro de obra proporciona protección e intimidad, mientras que la cristalera cóncava en forma de media luna permite el paso del sol al interior de la casa, regula la temperatura de la misma y permite disfrutar de un contacto directo con la naturaleza. La abso-

luta transparencia de la fachada que da al jardín resulta tanto más evidente cuando el interior se ilumina por la noche, momento en que el volumen blanco de la sección principal de la casa se muestra en toda su plenitud.

Pero la casa tributa homenaje asimismo a otro tipo de arquitectura, esta vez una mucho más próxima a nosotros: las casas solares de forma semicircular que el gran arquitecto norteamericano del movimiento moderno Frank Lloyd Wright diseñara entre 1944 y 1959, en las que las paredes, de formas cóncavas, estaban orientadas hacia el sol. Shuttleworth concretamente orienta las cristaleras cóncavas hacia el sur y el oeste, de manera que los espacios del salón comedor y la cocina reciban el sol de la mañana. Por otro lado, los volúmenes blancos y sin fisuras de la casa, perfectamente enlazados unos con otros, recuerdan las casas de Le Corbusier de los años veinte y treinta, si bien la relación con la tierra es muy diferente. Elevadas sobre unas esbeltas columnas, las casas de Le Corbusier se levantan como guardando las distancias con el entorno natural que las rodea. No es el caso de la de Shuttleworth, que con sus incisivas huellas se alza sobre la tierra como pasando desapercibida, uni-

Una intensa secuencia de motivos circulares une la casa de manera inextricable con la tierra.

INFERIOR **Para que la media luna de cristal tuviera un aspecto sin fisuras, hubo que recurrir a toda una serie de ingeniosas técnicas de construcción.** DERECHA **Las celdas individuales de los dormitorios contrastan vivamente con el espacio curvo y fluido de la sección del salón comedor. Los dormitorios carecen de ventanas y la luz del sol entra por un tragaluz ininterrumpido habilitado en el margen exterior de la pared curva.** PÁGINA ANTERIOR, INFERIOR **No se ha tenido que hacer concesión alguna para garantizar la funcionalidad de la vivienda. Tanto la cocina como el comedor destacan por la fluidez y la amplitud del espacio.** PÁGINA ANTERIOR, DETALLE **Una enorme chimenea proporciona calor a los espacios del salón y el comedor, al tiempo que señala el corazón de la casa.**

da inextricablemente a ésta por medio de una intensa secuencia de motivos circulares. Tanto por su forma como por su filosofía, se puede decir que se encuentra a medio camino entre la naturaleza orgánica de las casas de Frank Lloyd Wright, concretada en el empleo de unas formas y unos materiales extraídos de la tierra, y las espléndidas casas aisladas de Le Corbusier. Asimismo, entronca plenamente con el lenguaje arquitectónico contemporáneo, en tanto que profundiza en las formas geométricas en media luna que ya exploraran Foster & Partners en el anexo de forma curva del Sainsbury Centre for Visual Arts de East Anglia, finalizado en 1991, que parece como si fuera a desaparecer bajo la tierra. Tanto en este proyecto como en el de la casa en forma de media luna presentado aquí, las formas descansan en la intensa relación con la naturaleza, así como en el reconocimiento del inmemorial poder de la tierra.

Aunque las dos medias lunas de Shuttleworth plantean la cuestión de si la función debe quedar supeditada al arte —materializado en dos incómodas secciones semicirculares—, en principio no parece que planteen demasiados problemas de índole práctico a sus inquilinos. Y es que, a pesar de su clara vocación formal, la ca-

sa no exige demasiados sacrificios en aras a la funcionalidad. Además, la vida de cada día se convierte en una intensa experiencia «cinestética», basada en las percepciones del cuerpo a medida que éste se mueve por el espacio y enriquecida por el modo en que los diferentes espacios de la casa se hallan dispuestos entre sí, no sólo por lo amplio del emplazamiento, sino también por el lugar que ocupa en la historia de la arquitectura. Tributaria de la tradición de las casas privadas del movimiento moderno, esta casa constituye sin duda un logro realmente remarcable.

Para aquellos que están en disposición de diseñar una casa, el retiro a un lugar aislado en un entorno rural todavía virgen constituye una idea muy seductora. Uno de los pilares básicos sobre los que se asienta la arquitectura doméstica de hoy en día es precisamente la relación del edificio con el entorno. La idea de fundir y difuminar las diferencias entre el interior y el exterior fue un tema recurrente entre los arquitectos del movimiento moderno, sobre todo para Frank Lloyd Wright, cuyas casas Prairie destacan por sus formas orgánicas, que tienden a confundirse con la topografía circundante. El cristal desempeñaba un papel fundamental al abrir las casas a la luz y a las vistas, subrayando de ese modo la unión con la naturaleza. Otro modelo de referencia imprescindible es el pabellón transparente en medio de un entorno natural, que tan magistralmente llevaran a la práctica Philip Johnson y Mies van der Rohe a principios de los años cincuenta. Simple y preciso, de una delicadeza casi etérea, se ha convertido en todo un símbolo de la confrontación entre la presencia humana siempre civilizadora y la naturaleza salvaje. La casa que Tom Jestico ha diseñado en el sur de Londres toma como modelo el pabellón de cristal, pero en este caso la unión con la naturaleza es más íntima desde el momento en que la casa se ha construido en un jardín vallado.

La influencia de Frank Lloyd Wright es evidente en la obra de otros arquitectos norteamericanos como Mack Scogin Merill Elam Architects, cuyas casas constituyen extraordinarios refugios rurales ubicados en medio de frondosos parajes donde la naturaleza se muestra en su plenitud a lo largo de todo el año, como esta casa construida para un artista de Maine.

Idilio junto al mar

ARQUITECTO: **MOORE RUBLE YUDELL**

California cuenta con una fecunda tradición en el diseño de casas privadas, forjada al amparo de un clima benigno, clientes con una gran cultura y arquitectos deseosos de experimentar. El Case Study House Programme de la posguerra constituyó todo un hito en la evolución de la casa privada californiana al priorizar el emplazamiento y la individualidad de cada cliente. Paradójicamente en un principio surgió con la intención de proporcionar a los californianos de clase media y baja casas modernas a precios asequibles, si bien, y a pesar del éxito que experimentaron los primeros prototipos, la sociedad norteamericana fue incapaz de llevar a la realidad tal propósito, de ahí que la mayoría de los habitantes de Los Ángeles optaran por casas convencionales. Los más ricos, sin embargo, apostaron por una nueva estética arquitectónica basada en las paredes transparentes y espacios fluidos como expresión de su estilo de vida.

Se pueden trazar ciertos paralelismos entre los presupuestos del movimiento moderno en los años treinta y el desarrollo de la arquitectura en los años noventa que experimentó una exitosa recuperación de la pequeña villa privada. Hoy en día, si se acierta con el cliente, una casa privada puede ofrecer un alto grado de experimentación e improvisación hasta hace poco reservado a los grandes edificios públicos. Moore Ruble Yudell, uno de los principales estudios de arquitectura de Estados Unidos, está acostumbrado a asumir los retos de gran envergadura, lo que no evita que se resista a renunciar a proyectos mucho más modestos en los que se establece una relación más próxima con el cliente.

En la costa del Pacífico se alza la Yorkin House, un luminoso y pacífico oasis frente al bullicio y el ajetreo de los alrededores. Diseñada por Buzz Yudell, John Ruble y Marc Schoeplein, la casa es el resultado de las limitaciones del emplazamiento, que tiene por un lado la transitadísima carretera del Pacífico, fuente de ruido y todo tipo de distracciones, y las idílicas playas del Pacífico por el otro lado, con sus maravillosas vistas de arena, luz y agua en continuo cambio.

La casa se ha concebido como un refugio junto al mar para el dueño, sus dos hijos adultos y sus respectivas familias. Por el lado que da a la autopista tan sólo entra la luz y de manera indirecta, lo que da lugar a una fachada completamente hermética del estilo del típico patio mediterráneo, un modelo que ha gozado de una gran influencia en California. Lo que se pretende con esta distribución es ignorar por completo la autopista dando forma a un espacio interior plácido y resguardado del exterior. El techo salpicado de tragaluces alberga en su interior un recinto habitable desde donde se disfruta de unas vistas maravillosas y se queda a resguardo del viento.

La estructura de la casa se despliega en una serie de capas en las que paulatinamente se va dejando atrás la opresiva cultura del automóvil imperante en el exterior. A la casa se accede a través de un patio con plantas costeras autóctonas situadas sobre un paseo entablado de madera que subraya el vínculo existente entre la casa y el entorno, al mismo tiempo que proporciona refugio y sombra. El interior alberga una gran diversidad de espacios, desde los dormitorios más íntimos hasta las zonas de vida más social, desde las que se accede, a través de unas puertas correderas de cristal, a un patio exterior,

SUPERIOR **El mar y el cielo quedan en todo momento muy próximos al corazón de la casa.**
IZQUIERDA **Las cristaleras, altas hasta el techo, comunican los espacios del salón comedor con las terrazas, mientras que las puertas correderas desdibujan el límite entre el interior y el exterior. Las enormes terrazas, con vistas sobre el mar, recuerdan las cubiertas de los grandes transatlánticos, y las paredes blancas y el suelo de madera no hacen sino realzar ese espíritu náutico que lo impregna todo. Un toldo retráctil protege del exceso de sol.**

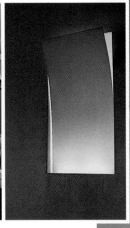

SUPERIOR IZQUIERDA Y SUPERIOR
**Tanto el mobiliario como el resto
de los complementos, así como
las lámparas murales, destacan
por su elegancia contenida.**
DERECHA **Un rápido vistazo sobre
la cocina permite descubrir un
espacio compuesto por una serie
informal de niveles que encarnan
el paso gradual de la ruidosa
autopista, en uno de los lados de la
casa, a la calma del océano, en el otro.**
DERECHA, DETALLE **Las vistas
enmarcadas por las ventanas realzan
la sensación de fluidez espacial.**
PÁGINA SIGUIENTE **El tramo superior de
las escaleras situadas en el corazón
de la casa está cerrado por medio de
unos paneles de cristal que proyectan
luz sobre los tramos inferiores.**
PÁGINA SIGUIENTE, DETALLE **La luz
dibuja formas abstractas en el interior.**

una terraza y, finalmente, la playa. Las escaleras conectan verticalmente los distintos planos de esta distribución, aportando color, luminosidad y una gran sensación de amplitud.

En el piso inferior de la entrada, la distribución del espacio es fluida, con el salón y el comedor formando casi un único volumen ininterrumpido. Los espacios de actividad más intensa, como el garaje y el lavadero, se encuentran en el lado que da a la autopista, creando de ese modo una especie de barrera que protege el resto de la casa. En el primer piso se encuentran los dormitorios dispuestos como las cuentas de un collar alrededor de un pasillo central. Tan sólo uno de ellos está situado en el lado que da a la carretera, donde también se encuentra el gimnasio que queda justo encima del patio de entrada relativamente resguardado.

El lado de la casa que da al océano es permeable y transparente, pues no en vano es el más luminoso y el que mejores vistas ofrece. Como si se tratara de la cubierta de un antiguo trasatlántico, cuenta con una imponente terraza recubierta de madera con vistas sobre el mar, a la que se suma una segunda más pequeña, alre-

Dentro cohabitan las dependencias de vida más familiar e íntima con las de vida más social, abiertas y transparentes, unidas entre sí mediante una escalera envuelta en cristal translúcido.

INFERIOR **Vista desde el océano,
la casa parece un velero con las
velas desplegadas.**
DERECHA, DETALLE **Detalle del patio
que queda a resguardo.**
EXTREMO DERECHA, DETALLE **El lado
que da a la calle, hermético e impasible,
con el mínimo de ventanas, es como
una pantalla que resguarda, tanto visual
como acústicamente, del bullicio de
los coches. Todo lo contrario del lado que
da al océano, que se abre a la luz del sol
y a las impresionantes vistas.**

dedor de los dormitorios principales del piso superior. El blanco de las paredes lisas y la horizontalidad de las cristaleras refuerzan ese aire náutico de la casa.

Las enormes cristaleras que llegan hasta el techo se pueden abrir hacia los lados, de manera que las dependencias queden abiertas a las terrazas del exterior, con lo que los límites del espacio quedan desdibujados y la luz, en constante cambio, anima el interior. Un sencillo techo, como suspendido, protege las enormes superficies acristaladas del calor excesivo. La escalera a su vez está envuelta en una serie de paneles de cristal translúcido de grandes dimensiones que filtran la luz difuminándola hacia el interior.

Independientemente del número de inquilinos que albergue la casa, la presencia de los patios y las cristaleras correderas permite crear todo tipo de distribuciones espaciales, de ahí que puedan vivir en ella en idénticas condiciones de comodidad tanto una sola persona como varias. El vínculo con el lugar queda de manifiesto en el carácter urbano del lado que da a la autopista, en el aire marinero de las terrazas abiertas y recubiertas de madera y en las múltiples relaciones que se establecen entre la luz y las vistas.

El potencial del enclave exigía una respuesta contundente, algo que los arquitectos del proyecto han conseguido con creces. Esta luminosa y mágica atalaya que parece flotar sobre la playa y las olas del mar constituye un refugio idílico donde refugiarse del bullicio y del ajetreo del moderno estilo de vida californiano.

SUPERIOR Y DERECHA **Tanto las terrazas como el dormitorio recubierto de cristaleras dan a las mágicas playas de California.**
PÁGINA SIGUIENTE, FOTOGRAFÍA PRINCIPAL **La casa constituye una soberbia solución arquitectónica al potencial del enclave, a la vez que se convierte en un refugio privilegiado desde donde contemplar la naturaleza.**
PÁGINA SIGUIENTE, SUPERIOR IZQUIERDA **Los saledizos del techo proyectan sombra sobre las enormes cristaleras de debajo.**
PÁGINA SIGUIENTE, SUPERIOR DERECHA **Las soberbias panorámicas sobre el mar se reflejan en las cristaleras de la casa.**
PÁGINA SIGUIENTE, DETALLE **Las dependencias quedan separadas de las terrazas, donde los miembros de la familia pueden comer al aire libre, por medio de unas simples puertas de cristal correderas.**

Dominando la línea de la costa con sus paredes
acristaladas y largas terrazas, la casa se convierte en un
moderno ejemplo de ese idilio tan californiano entre el sol,
el mar, la arena y las olas.

Una vivienda en la espesura

ARQUITECTO: **MACK SCOGIN MERRILL ELAM**

Todavía forma parte del gran sueño americano poseer una casa independiente con su propia parcela de terreno que haga las veces de castillo con foso donde poder refugiarse y retirarse del mundo. Por otro lado, tener una casa así es sin duda un símbolo de prosperidad y éxito.

Para muchos norteamericanos, la casa de sus sueños suele encontrarse en las afueras y ser de estilo colonial o el típico rancho californiano; las dos tendencias arquitectónicas imperantes en el este y el oeste respectivamente. Sin embargo, hay algunos casos en los que la casa se convierte en una manifestación conjunta de los estilos del cliente y el arquitecto. A pesar de los cambios experimentados en el núcleo familiar, los hábitos de ocio y los avances tecnológicos, el diseño básico de una casa permanece en su esencia invariable, hecho éste que en última instancia confiere a los arquitectos una gran libertad a la hora de experimentar y poner a prueba su creatividad. Por otro lado, la casa es tal vez el único tipo de construcción en el que un arquitecto puede ejercer un control absoluto sobre el diseño de la misma, al tiempo que le permite establecer una relación mucho más próxima con el cliente, ajena a los intereses de los agentes inmobiliarios, constructores y burócratas. La casa es, en definitiva, la encarnación de los sueños y las fantasías tanto del arquitecto como de sus futuros inquilinos. En una nación que valora tanto la originalidad y la expresión individual, todo es poco a la hora de subrayar la importancia cultural de la vivienda.

Esta casa de Maine, situada en las estribaciones de la costa este de Estados Unidos, fue un maravilloso encargo que permitió a sus arquitectos, Mack Scogin Merrill Elam, disfrutar de una absoluta libertad a la hora de expresar todo su potencial artístico. Su dueña, pintora e interiorista de profesión, optó por trasladarse de Venice Beach, en Los Ángeles, a Maine tras el terremoto de 1994. Tras hacerse con una parcela con vistas a

IZQUIERDA **La casa es una reinterpretación moderna de la granja tradicional de Maine, en la que la acumulación de elementos da lugar a una gran diversidad de formas. Una torre de forma cúbica señala el emplazamiento del umbral de la casa, al tiempo que se erige en punto central del plano de la misma.**
IZQUIERDA, DETALLE **La escueta geometría ortogonal de la torre contrasta con la frondosidad del bosque circundante.**
DERECHA **Una ceremonial rampa a modo de puente levadizo conduce a la puerta principal.**

Sostenida sobre unos esbeltos pilares, la casa se integra en el bosque y en el entorno circundante llevando este último al corazón mismo de la vivienda.

PÁGINA ANTERIOR **El ala de día de la casa se funde con el bosque que la rodea. La casa no es un elemento añadido más, sino un complejo conjunto de volúmenes entrelazados en contacto directo con la naturaleza. Las terrazas constituyen un lugar ideal desde donde contemplar la frondosidad del entorno.**
SUPERIOR **La rústica mezcolanza de materiales evoca las texturas y los colores del paisaje.**
SUPERIOR DERECHA **Dado lo inclinado del terreno, algunas secciones de la casa descansan sobre unas esbeltas columnas que recuerdan la forma de los troncos de los árboles circundantes, al tiempo que reducen en la medida de lo posible el impacto de la casa sobre el entorno.**
DERECHA **La abertura del muro que delimita el porche pretende romper las barreras con la naturaleza al permitir que la nieve, la lluvia y la luz del sol entren en la misma vivienda.**
INFERIOR DERECHA **Un banco recorre el extremo de la terraza del salón.**

un lago en el parque nacional de White Mountains, encargó al estudio de arquitectos el diseño de una casa de dos habitaciones con amplios espacios donde poder descansar, pintar y divertirse. Debía combinar la presencia de habitaciones independientes junto con espacios más abiertos a modo de lofts, así como garantizar un contacto muy directo con la naturaleza.

El terreno, de apenas una hectárea de extensión, disfruta de una preciosa vista sobre Lord's Hill, más allá del lago, justo en el extremo oriental del parque nacional. Dicha montaña, de laderas casi verticales, se recubre en primavera y en verano de un frondoso verde que en otoño se transforma en un variado abanico de tonalidades y que en invierno es sustituido por el blanco del hielo y la nieve.

Para los arquitectos, el emplazamiento lo era todo. Recubierto de una frágil alfombra de plantas musgosas, se trataba de un ecosistema de una extraordinaria belleza y fragilidad a un tiempo. La primera decisión que tomó Mack Scogin Merrill Elam fue intentar alterar el emplazamiento lo menos posible, de forma que la casa se integrara en el entorno. El lado de la parcela que queda al norte da a una calle, mientras que el que queda al sur muere en el lago. Se levantó un muro bajo de cemento para dividir la parcela en dos y delimitar claramente la mitad, dominada por la presencia humana de la otra mitad, protagonizada por la propia naturaleza.

La casa no es la típica villa en medio de un paraje natural, sino que viene a ser más la suma de toda una serie de volúmenes en los que los espacios interiores y exteriores quedan intercomunicados entre sí. El diseño del conjunto está inspirado en la granja tradicional de Maine, «una casa grande, una casa pequeña, un cobertizo y un granero, donde lo único formal es la entrada principal, pues todo lo demás es un mero añadido», según palabras de Merrill Elam. En realidad, esta manera de agrupar las habitaciones, unas con otras, permitía a los granjeros trabajar en invierno sin quedar expuestos a las duras condiciones climáticas de Maine. Los arquitectos observaron también que las granjas acostumbraban a estar dispuestas sobre un plano llano, algo que no permitía el emplazamiento elegido, notablemente inclinado, por lo que tuvieron que elevar parte de la casa sobre un collado en dirección a la masa de agua.

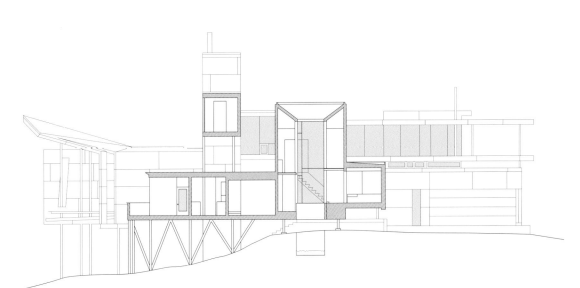

Situada en el centro de la casa, la escalera acristalada que conduce a la biblioteca comunica los diferentes pisos de la misma.

Los elementos que quedan al norte del muro divisorio (un garaje y un estudio de pintura) descansan directamente sobre el suelo. En la cara sur se aprovechan al máximo las vistas sobre el terreno rocoso, embellecido con plantas autóctonas por el paisajista de Boston, Michael van Valkenburgh, elevando la casa por entre los árboles sobre una serie de pilotes de madera y acero y esbeltas columnas. Por debajo de la sección elevada de la casa discurre un sendero de fuertes altibajos que conduce hasta la orilla misma del lago. Las paredes de la casa que dan al exterior están recubiertas con paneles de cemento, cuyo color gris dibuja hermosas texturas bajo la acción de la lluvia, la nieve y los rayos del sol.

Una torre de forma cúbica señala la entrada principal y ejerce de fulcro del plano helicoidal de la casa. Las vistas que se obtienen desde cualquier punto de la vivienda son magníficas, de ahí que no se haya privilegiado un lado u otro sobre el resto. El alto revestimiento de cemento esconde una escalera que conduce a un pasillo alargado y escalonado, que a su vez comunica a una serie de pequeñas habitaciones que parecen flotar por

entre las ramas de los árboles circundantes. La dueña quería disponer de varias habitaciones independientes, pero al quedar abiertas al entorno, cada una de ellas con una orientación distinta, parecen mucho más grandes de lo que en realidad son. En las caras sur y este, las alas integran los espacios exteriores e intermedios, que quedan fuera, en el plano mismo de la casa.

Las diferentes partes de la vivienda resultan agradablemente convencionales, pues no en vano se componen de un salón y un comedor, una cocina, dos dormitorios y dos porches a resguardo que se pueden habilitar también como dormitorios. Hay, además, una biblioteca, dos estudios de pintura, uno de ellos independiente, y un garaje, así como una habitación de pequeñas dimensiones donde viven los dos perros de la dueña. Al estar separadas del resto, cada una de las habitaciones se integra de diferente modo en el entorno por medio de múltiples soluciones arquitectónicas dependiendo de las vistas, la exposición y la función de cada una de ellas, ya sea mediante la ubicación de las ventanas, el empleo del cristal o la forma de las paredes. De todos modos,

hay un largo pasillo que une todas las habitaciones entre sí. Este tipo de distribución del espacio a partir de un plano informal y ramificado se inspira en la Chmar House que Mack Scogin Merrill Elam Architects diseñara en 1990 en Atlanta y que fue la casa que precisamente motivó este encargo.

Cada habitación posee más o menos las mismas dimensiones, y no hay ningún espacio que predomine sobre el resto. El dormitorio principal alberga una elaborada chimenea que no rompe con la forma compacta de la habitación y difiere por completo de la habitación de invitados, que se abre a una terraza de generosas dimensiones por medio de un *brise-soleil* en saledizo. Los vestíbulos cuentan con unas amplias cristaleras en las paredes, que proyectan abundante luz natural en el interior. Alineada con las hileras de libros, la escalera principal asciende por el interior de un *impluvium* acristalado (del término latino *pluvia*, «lluvia»), un hueco exterior de dos pisos de altura que además permite el paso de la luz natural al interior de la casa. El agua de la lluvia va a parar a un estanque situado en el centro de dicho hueco. Los libros y el azul del cielo dibujan extrañas formas al reflejarse en el agua, el cristal y las

Cada habitación se aborda como un espacio único, y se diferencia del resto a través de su relación con el entorno, la forma de las paredes y el tratamiento de la luz.

estanterías. La simplicidad de los materiales empleados en la construcción de la casa encuentra su réplica en el escaso mobiliario de estilo moderno que hay, como una mesa de comedor escandinava, y unos pocos objetos de escasa importancia. De esa manera, la arquitectura, desprovista de elementos innecesarios, habla por sí sola.

En sus últimos proyectos, Mack Scogin Merrill Elam había experimentado libremente con formas geométricas, si bien en esta casa hay pocas concesiones al exotismo. De hecho, tan sólo el salón rompe con la forma ortogonal más común al abrirse a las vistas sobre el lago y las montañas. Las paredes que dan al exterior se prolongan hacia fuera hasta dar forma a una terraza, y una de ellas se inclina hacia fuera con un agujero alargado en el medio que la atraviesa en todo su grosor, con la clara intención de lograr un contacto aún más directo entre la casa y la naturaleza circundante. Dicho agujero, además, permite el paso de luz natural al interior de la casa.

La casa consigue convertirse en un espacio maduro y entusiasta a un mismo tiempo, sabio y disciplinado por un lado, pero libre y encantador por otro. Es posible que Mack Scogin Merrill Elam haya dejado de lado las nociones de lógica y orden tan propias del movimiento moderno en la ingeniosa experimentación formal de esta casa, pero no cabe duda de que ésta no es nunca gratuita ni narcisista, sino que sirve para descubrir una vista determinada, desarrollar una función específica o, simplemente, crear un poético alto en el espacio y en el tiempo, lo que en definitiva enriquece la experiencia vital que propone la vivienda.

Cada sección del plano se expresa dentro de la masa exterior del edificio volumétricamente, lo que da lugar a una compleja red de formas abstractas intercomunicadas entre sí que parece encontrarse en constante movimiento frente al fondo que dibujan el bosque y la montaña. En realidad, es como si a la hora de experimentar el espacio, la casa se volviera sobre sí misma, de manera que, gracias a la presencia de otros espacios, otras vistas y la omnipresente naturaleza, uno nunca se encuentra totalmente solo en ella. El plano en forma helicoidal crea toda una serie de atalayas articuladas a modo de porches desde las que se puede disfrutar del entorno y al mismo tiempo delimita un espacio abierto en el centro del emplazamiento.

El empleo de un conjunto de esbeltos *pilotis* para elevar parte de la casa remite a la Villa Savoye que Le Corbusier levantara en las cercanías de París, todo un referente en la arquitectura del movimiento moderno y, en muchos sentidos, la villa moderna por antonomasia. Y es que Le Corbusier también la concibió sobre unos pilares, esta vez con el propósito de contemplar la naturaleza desde una cómoda altura. Son muchas las comparaciones que se han establecido entre ambas viviendas, pero lo cierto es que son muy diferentes. Así, la Villa Savoye es un edificio de sólidas formas compactas insertado en medio de un entorno natural pero sin llegar a formar parte de él. Por el contrario, la forma irregular de esta casa de Maine, sostenida en parte por medio de unos *pilotis* que simulan los troncos de un árbol, se integra en el entorno boscoso hasta casi desaparecer por completo, como si formase parte de dicho paraje. Ahora bien, a pesar de que se ha concebido como un refugio campestre, en el fondo de su ser subyace ese sentimiento de temor primigenio, tan arraigado en el hombre, de encontrarse cara a cara frente a la naturaleza y la soledad.

Mack Scogin Merrill Elam ha abierto la casa de tal manera que las vistas son tanto interiores como exteriores. Incompleta en su forma, tiende la mano a la naturaleza sin por ello limitarse a reducirla a un patio

El salón, versión moderna
de una cabaña sobre los árboles,
es una atalaya acristalada desde la
que se observa todo el bosque. Las
paredes que dan al exterior están
inclinadas hacia fuera y uno de los
planos, con una larga abertura, dibuja
un ademán casi extático hacia la
naturaleza. Esta parte de la casa
ilustra a la perfección la predilección
de los arquitectos por los juegos
geométricos. Con sus formas
angulosas y contundentes, el salón se
erige en la proa de la casa, un espacio
luminoso, cálido y resguardado.

El cristal es crucial a la hora de abrir la casa a la luz y a las espectaculares vistas de que disfruta, al tiempo que subraya el vínculo con la naturaleza.

La distribución de los interiores pretende descubrir una vista, filtrar la luz o crear una poética pausa, todo ello con la intención de enriquecer la experiencia espacial.

cerrado. Los arquitectos se han amoldado a las características del emplazamiento, pero al mismo tiempo han concebido la vivienda de forma que acompañe la vida en solitario de su única inquilina. Así, su diseño permite que esta última pueda ver el dormitorio desde el mismo salón, por poner un ejemplo, así como la luz procedente desde cualquier parte de la casa. De ese modo, las habitaciones se encuentran en todo momento comunicadas entre sí, tanto espacial como visualmente.

Curiosamente, la casa representa un retorno al bosque y al estudio para una artista durante tanto tiempo alejada de ambos. La vivienda hace suyo el emplazamiento convirtiéndolo en una serie de experiencias espaciales de carácter interior que van desde el encuadre y el enfoque a la prolongación, la delimitación y la celebración de dichos espacios. Como sucede con las casas tradicionales de Maine, esta vivienda es el resultado de reunir en torno a un mismo núcleo múltiples

espacios de formas diversas como si se tratara de varias casas juntas, con el objetivo de hacer más llevaderos los duros inviernos de la región.

El cristal desempeña un papel crucial a la hora de abrir la casa a la luz y a las vistas, al tiempo que subraya el vínculo existente con el entorno circundante. Se ha empleado tanto cristal transparente como translúcido para crear diferentes grados de luminosidad. Así, el primero se ha utilizado sobre todo en las paredes de algunas habitaciones para enmarcar y definir determinadas vistas, mientras que el cristal translúcido se ha reservado para las paredes que dan al este, donde se encuentra la entrada principal, de forma que permita el paso de la luz natural como si se tratara de un biombo japonés de papel de arroz. Se han utilizado asimismo otros materiales, como paneles de cemento, revestimientos de zinc, suelos de hormigón y armazones de madera y acero. Las diferencias de textura y color resultantes crean un efecto tan rústico como variopinto que nunca acaba de sorprender y deleitar.

La sensación de movimiento que preside toda la casa descansa sobre la existencia de una serie de vistas fugaces en un espacio interior que no prioriza un único punto de vista. Son continuas las invitaciones a ir descubriendo los diferentes espacios, en los que la luz y las sombras, por poner un ejemplo, se despliegan sobre un fondo en un blanco y negro casi fotográfico. La casa es en definitiva una novedosa y poética reinterpretación de la villa elevada perteneciente a la tradición del movimiento moderno y, a pesar de lo complejo de sus formas y materiales, transmite una clara sensación de sencillez y armonía. En la esencia misma de su arquitectura hay un ser humano, y el diseño responde sin duda a sus exigencias y gustos personales. La casa, tal como apunta Merrill Elam, «no se podría haber construido para ninguna otra persona».

Reinterpretación de la caja de cristal clásica

ARQUITECTOS: **TOM JESTICO Y VIVIEN FOWLER**

Frío y de una exquisita sencillez, la caja de cristal de Mies van der Rohe constituye un modelo de referencia que no deja de fascinar e inspirar a los arquitectos. Esta atracción reside en la extrema sencillez de las formas, así como en la flexibilidad de los espacios interiores, pero como contrapartida exige un emplazamiento con unas características muy particulares. Situada en una hermosa parcela ajardinada, la casa de Tom Jestico y Vivien Fowler aúna la planta abierta del clásico recinto propio del movimiento moderno con la tranquilidad de un espacio cerrado. Sus arquitectos opinaban que Mies van der Rohe había pecado de rigurosidad en sus exigencias, así que se inspiraron en la casa de Charles y Ray Eames, que tanta impresión les causó en su visita, allá por los años setenta.

El emplazamiento en la periferia londinense no tiene en realidad nada de particular. Tanto la casa como sus aledaños se encuentran en lo que antaño era un huerto. De plano casi cuadrangular, la parcela, de 0,2 hectáreas de extensión, se halla delimitada por un muro de 2,75 m de altura y destaca por su frondosidad y fertilidad; no en vano, en su tiempo abasteció de frutas y hortalizas a un restaurante biológico. Cuando sus dueños actuales lo adquirieron, el terreno llevaba varios años sin cuidados y estaba poblado de infinidad de plantas, pájaros y mariposas, lo que le confería un aspecto realmente encantador que acabó subyugando a sus compradores.

La parcela forma parte de una zona protegida en la que, salvo algún que otro invernadero y cobertizo, jamás se había levantado edificio alguno. Situada de espaldas a la entrada principal, la casa da a una enorme extensión de césped orientada al oeste, que hace las veces de habitación al aire libre. Los límites de los espacios dedicados al salón y al comedor vienen marcados por el muro de obra del jardín y no tanto por los límites físicos de la propia casa. La relación que se establece entre esta última y el entorno es intensa y sencilla a un mismo tiempo, ya que desde el jardín se puede contemplar toda la casa y viceversa. La clave de la vivienda en tanto que espacio fluido y totalmente libre radica en la impenetrabilidad del muro del jardín, que genera una absoluta sensación de intimidad en el interior al tiempo que lo preserva del exterior.

La secuencia de los espacios de llegada y acceso a la casa está cuidadosamente orquestada. El único indicio que hay desde fuera de la existencia de una vivienda

IZQUIERDA **Situada en una hermosa parcela ajardinada, la casa viene a ser una sutil reinterpretación en clave moderna de la clásica caja de cristal. El revestimiento acristalado del exterior, sostenido mediante un armazón de acero, dibuja una escueta barrera entre el luminoso interior y la frondosidad del entorno que lo rodea. Tanto los paneles de cristal como las sencillas medianeras, también de cristal, crean un efecto uniforme, sin fisuras. La plataforma de listones de madera actúa de nexo de unión entre la vivienda y la naturaleza, mientras que el voladizo del techo resguarda del calor y del sol excesivos.**

El entorno desempeña un papel importante en el que el antiguo huerto, ahora replantado, hace las veces de habitación al aire libre en torno a la casa.

Cristalina y etérea, la vivienda es como una caja transparente escondida en medio de un jardín vallado. Su estructura modular, sencilla y elegante a un tiempo, contrasta con la exuberancia y variedad del jardín en que se encuentra. Cuando es preciso, unas persianas aislantes actúan de pantalla envolviendo todo el perímetro. Un sendero de amplitud variable rodea toda la casa y la comunica con el jardín por medio de un puente que atraviesa dos estanques. Esta esbelta construcción acristalada es la antítesis de la antigua casa solariega de cuatro pisos de la época victoriana.

EXTREMO SUPERIOR **La puerta de entrada conduce a la despensa y la cocina, situadas en el corazón de la casa y a cuyo alrededor se encuentran el salón y el comedor.**
SUPERIOR **El comedor y el jardín están unidos entre sí por medio de un explícito nexo de unión visual.**

PÁGINA SIGUIENTE **El proceso de construcción fue rápido gracias a la sencillez de la estructura (un armazón de acero revestido de cristal), que no planteó grandes problemas. De hecho, los propios miembros de la familia la fueron construyendo por las tardes y durante los fines de semana.**

moderna es la presencia de un portero electrónico en el antiguo muro de obra que circunda la parcela, donde hay también una pequeña puerta a través de la cual se accede al interior (hay otra puerta más grande por donde entran los automóviles). Una vez franqueado el muro, se entra en un jardín desde donde la casa aparece ante los ojos del visitante como si se tratara de un etéreo pabellón de cristal flotando en medio de un frondoso entorno ajardinado. Rematada en un esbelto techo plano, la casa de una sola planta, presenta unas dimensiones relativamente modestas y la rodea un sendero de amplitud variable que comunica con el jardín a través de una especie de puente que atraviesa dos estanques contiguos (de hecho, dicho puente es en realidad una antigua sala de máquinas habilitada en bodega).

Era deseo expreso de los dueños que la casa fuera lo más abierta posible, pero, al mismo tiempo, lo suficientemente robusta como para acomodar a su familia con toda comodidad. Querían además que el diseño de la misma fuera decididamente moderno y que evitara en todo momento la incómoda compartimentalización tan habitual en las casas solariegas inglesas. La solución por la que se ha optado es elegante y austera a un mismo tiempo y se concreta en una estructura de acero totalmente acristalada precedida de una terraza con listones de madera que hace de nexo de unión entre el interior transparente y el frondoso entorno circundante. Las paredes se componen de sencillos paneles de cristal unidos entre sí por medio de austeras medianeras, también de cristal, con lo que el efecto resultante es de continuidad. Para evitar la pérdida de calor, la cara que

da al exterior del cristal que queda en el interior (hay doble acristalamiento) se ha bañado con una capa de baja radiación. Unas persianas de listones protegen asimismo a las cristaleras del exceso de sol y del consiguiente recalentamiento del interior. Según palabras del propio Tom Jestico, el plano de la casa recuerda al de un bloque de oficinas de los años sesenta, en el que un espacio abierto rodea el núcleo de espacios funcionales. Lo compacto de la forma resultante destaca además por el ahorro de costes que comporta, pues reduce al máximo los materiales de revestimiento y además evita la pérdida de calor. La casa se basa en un intercolumnio de 3,9 x 3,9 m con una altura de techo de otros 2,75 m. Dos intercolumnios interiores albergan a su vez el núcleo central, compuesto por los espacios funcionales, es decir, la cocina, el baño y un pasillo. La estructura, de cinco columnas, crea un acusado sentido geométrico que articula rítmicamente los alzados.

Dentro de la estructura simétrica y regular hay un salón informal y asimétrico que fluye alrededor del núcleo central y da al jardín. En la parte posterior de la casa vuelve a imperar el orden, con tres dormitorios independientes y un estudio dispuestos como en cuadrícula. A pesar de lo sencillo de esta estructura modular, los espacios interiores hacen gala de una gran sutileza y refinamiento gracias a la estudiada articulación entre los diferentes espacios y elementos. Los acabados son comedidos pero elegantes: suelos con parquet de madera de arce, paredes pintadas de color blanco, puertas de cristal deslustrado y encimeras de granito.

PÁGINA ANTERIOR **El ininterrumpido fluir de los sucesivos espacios contrasta con la impenetrabilidad del muro que rodea el jardín, límite formal que genera una acusada sensación de intimidad en el interior del mismo.**
EXTREMO SUPERIOR Y SUPERIOR IZQUIERDA **La terraza con listones de madera que rodea la casa está tan integrada en esta última que parece que el dormitorio principal forme parte del propio jardín.**
SUPERIOR CENTRO **Los acabados son austeros pero elegantes, y contribuyen a realzar lo estudiado del conjunto.**
SUPERIOR DERECHA **Para cerrar y definir los espacios se utilizan elementos divisorios de gran ligereza.**

El entorno ajardinado constituye una parte indisoluble del proyecto en sí. El jardín es de reciente plantación, pues antes de construir la casa el terreno se aclaró del todo y tan sólo se han conservado unas cuantas plantas originales, como unos setos bajos de boj, algunos árboles frutales y algún que otro abeto. El césped es nuevo y a su alrededor se han plantado unos abedules de hoja plateada de rápido crecimiento y unos brezos autóctonos.

Desde un punto de vista práctico, la construcción de la casa no resultó nada compleja ni complicada. De hecho, los arquitectos, dueños a la vez de la casa, trataron directamente con el contratista y construyeron el edificio con ayuda de toda la familia en los ratos libres. Desde el propio diseño general hasta los más insignificantes detalles del mismo, todo está pensado para disfrutar partiendo de la simplicidad. Integrada en su entorno, la casa logra conciliar estilo y bajo coste con un luminoso toque personal, combinación ésta que el propio Mies van der Rohe, el padre de la caja de cristal, habría aplaudido.

Los espacios interiores, brillantemente iluminados, adquieren un carácter sobrio y refinado gracias al empleo de una estudiada selección de austeros materiales combinados con mobiliario contemporáneo.

IZQUIERDA **La casa está tan integrada en el entorno que resulta difícil abarcarla a simple vista. Por un lado parece como si la construcción formara parte del bosque, mientras que vista desde otra perspectiva muestra una presencia mucho más contundente e intimidatoria.**
INFERIOR, DE IZQUIERDA A DERECHA **Las superficies de hormigón y el suelo de tablones de madera modelan las habitaciones que dan al exterior y que se prolongan más allá del salón hasta fundirse con el paisaje. Una pared de hormigón dibuja un ángulo recto que va más allá del extremo oeste de la casa. Las paredes del interior de cristal con estructura de madera subrayan la luminosidad y transparencia del mismo, al tiempo que difuminan los volúmenes del edificio y sirven de nexo de unión con el frondoso paisaje circundante.**
DERECHA **Los árboles atenúan la austeridad de las superficies de hormigón.**

Una casa en la montaña

ARQUITECTO: **MACK SCOGIN MERRILL ELAM**

Una de las constantes sobre la que gira la arquitectura norteamericana, y muy especialmente la de los partidarios del movimiento moderno, es la relación del edificio con su entorno. La idea de mezclar y difuminar las diferencias entre el interior y el exterior cobra gran protagonismo en las casas Prairie de Frank Lloyd Wright, inspiradas en las formas de la naturaleza. Por el contrario, la voluntad de definir un espacio formal, casi urbano, en medio de un paraje natural dio lugar a conjuntos arquitectónicos tan memorables como el del campus de la Universidad Thomas Jefferson de Virginia, diseñado a principios del siglo XIX.

Estos dos modelos coexisten en el diseño de esta casa creada por el estudio de arquitectos con sede en Atlanta Mack Scogin Merrill Elam y situada a los pies de la cordillera de los Apalaches, en el estado de Georgia. La huella de Frank Lloyd Wright salta a la vista en el empleo de materiales autóctonos y en la distribución del espacio en un plano bajo y alargado de una única planta. Desde un punto de vista práctico, la casa se ha concebido no tan sólo como un refugio para los fines de semana, sino como vivienda principal una vez

que se jubilen sus dueños. Frente a esa arquitectura contemporánea que sacraliza la colisión entre las diferentes fuerzas o elementos constructivos, esta casa en la montaña apuesta decididamente por el equilibrio. Diseñada de acuerdo con los variopintos gustos de sus dueños, la vivienda crea un lugar común a partir de las diferencias, dando forma a una casa que es a un mismo tiempo urbana y rural, formal e informal, casual y premeditada, pero nunca contradictoria.

Los dueños, cuyos hijos nacidos de matrimonios anteriores hacen ya su propia vida, tienen sus raíces en lugares bien diferentes de Estados Unidos y han desarrollado una carrera profesional totalmente dispar: él es periodista, así como un ávido coleccionista de arte regional, mientras que ella es jardinera y paisajista. Ahora bien, de igual modo que han aprendido a compartir sus respectivas vidas profesionales, la casa ha sabido integrar a su vez sus propios contrastes: interior y exterior, sólido y etéreo, luz y sombra, intimidad y abertura... La primera clave que explica el

delicado equilibrio conseguido por Mack Scogin Merrill Elam es el patio de entrada, una calzada zigzagueante, rústicamente pavimentada con piedra de la zona, y a cuyo alrededor se hallan dispuestas las principales áreas de la casa. Los arquitectos apostaron decididamente por incorporar este elemento urbano a un emplazamiento eminentemente rural a la manera de las fincas campestres de Francia e Inglaterra. La yuxtaposición de campo y ciudad cobra aún mayor protagonismo de la mano del porche central, situado en el mismo patio de entrada y desde el que se disfrutan unas hermosas vistas sobre la arboleda antes incluso de haber bajado del coche. A medida que se avanza, la casa se muestra más y más informal. Situada en una de las esquinas del patio, la puerta principal conduce a una galería de techo alto dominada por una colección tan sugestiva como colorista de arte regional. De este espacio alto pero cerrado se pasa a un salón de planta abierta y generosas dimensiones con unas estupendas vistas sobre una colina próxima y los pastos de unas montañas

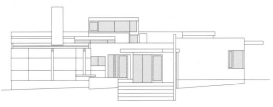

situadas en la lejanía. La transición de la ciudad al campo es absoluta.

El enorme volumen que forma la vivienda se divide en tres elementos de relevancia: la casa principal, una casa para los invitados y un garaje, así como el porche, si bien nunca se llegan a contemplar en su conjunto. De hecho, según desde donde se aproxime uno al edificio, éste parece más o menos grande. Así, desde algunos lugares da la sensación como si emergiera de la tierra y de repente se fundiera en el paisaje, mientras que otras

veces se muestra como una construcción contundente, con su macizo techo de superficie plana.

La casa se encuentra a los pies de la cordillera de los Apalaches, a tan sólo 1,5 km de la frontera de Georgia con el estado de Carolina del Norte, en un paraje boscoso y montañoso. Con sus volúmenes bajos y alargados, presididos por las líneas horizontales, parece como si la casa se aferrara al terreno, formando un deliberado contraste con la verticalidad de las montañas y las esbeltas formas de los abedules y los álamos blancos. Junto al

En un principio, la parcela estaba densamente poblada de árboles, pero a principios del siglo xx se clareó y se cultivó.

riachuelo que atraviesa el margen sur de la parcela y proporciona agua a los caballos del prado colindante, hay un antiguo molino. Seducidos por la belleza, la luminosidad y la tranquilidad del paraje, un grupo de artistas se ha establecido en las proximidades.

A pesar de lo idílico del emplazamiento, lo cierto es que presentaba toda una serie de retos, de los que el primero de todos fue precisamente dar con el lugar perfecto donde construir la casa. En un principio, los dueños mostraron su predilección por edificar al pie de un imponente roble situado en las proximidades de la carretera que conduce al lugar, donde antaño se alzaba una granja. Pero, tras recorrer la parcela a pie, en compañía de los arquitectos y el contratista, acabaron decantándose por un emplazamiento algo más alejado y llano desde donde se disfrutaban de mejores vistas y mayor intimidad. Dicha elección conllevaba la construcción de una larga calzada de acceso, pero el contratista encontró los restos de un antiguo camino abandonado que aprovechó para construir el nuevo intentando en todo momento salvar el mayor número posible de árboles. La base de la calzada se aprovechó como muro de contención de un estanque que se construyó en el margen oeste de la nueva

casa. Precisamente otro de los inconvenientes del emplazamiento era la abundancia de agua, pues no en vano el clima de la región es muy húmedo (de hecho, esta zona de Georgia es una de las más húmedas de toda la costa este de Estados Unidos). Para contrarrestar dicha humedad se construyeron unos cimientos de hormigón de manera que el agua pudiera circular a los lados de la casa y en dirección al riachuelo, situado hacia al sur. Dada la maestría que mostraban los subcontratistas de la zona a la hora de edificar construcciones de hormigón en terrenos tan húmedos y montañosos como aquél, se optó por dotar a dicho material de un protagonismo equiparable al del cristal en el diseño de la casa.

El hormigón responde a una finalidad tanto práctica como expresiva. Usado en los cimientos y en la base de la casa, soluciona gran parte de la estructura de la misma, pero al mismo tiempo sirve para integrarla en el entorno creando un vínculo de unión entre la tierra y la forma arquitectónica. El muro de hormigón al descubierto que discurre a lo largo de la cocina y la galería de la entrada ayudan, junto con la chimenea, también de hormigón, a anclar la casa en el suelo. Otro muro de hormigón, éste en ángulo recto, se pro-

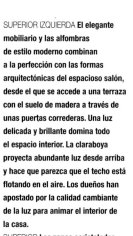

longa más allá del extremo oeste de la casa, cerrando parte de un recinto al aire libre, mientras que un segundo muro del mismo material se prolonga de nuevo más allá de la habitación de invitados, justo en el extremo opuesto de la casa. La solidez del hormigón contrasta con la ligereza y la transparencia de las paredes acristaladas con armazón de madera que desmaterializan las formas arquitectónicas hasta tal punto que parece como si los planos del techo flotaran en el aire sin soporte alguno. Por otro lado, los delgados marcos de madera tienen su réplica en los esbeltos troncos de los abedules colindantes. De todos modos, aunque el armazón es básicamente de madera, hay también ciertos elementos de acero, como por ejemplo el contorno del porche o algunas de las vigas del tejado en voladizo. Éste, no obstante, descansa en su mayor parte sobre un entramado de madera que, al arrancar desde bien adentro del salón, se prolonga más allá del propio recinto sin necesidad de recurrir al acero.

Los dueños de la casa pidieron a los arquitectos dos cosas: pared suficiente para sus cuadros y unas vistas generosas sobre el paisaje circundante. De acuerdo con esa voluntad de equilibrio que preside todo el proyecto, los arquitectos decidieron abrir la casa sobre todo en el

SUPERIOR IZQUIERDA **El elegante mobiliario y las alfombras de estilo moderno combinan a la perfección con las formas arquitectónicas del espacioso salón, desde el que se accede a una terraza con el suelo de madera a través de unas puertas correderas. Una luz delicada y brillante domina todo el espacio interior. La claraboya proyecta abundante luz desde arriba y hace que parezca que el techo está flotando en el aire. Los dueños han apostado por la calidad cambiante de la luz para animar el interior de la casa.**

SUPERIOR **Las zonas acristaladas de la parte superior e inferior de las paredes contrarrestan la contundencia de las mismas.**

DERECHA, SUPERIOR A INFERIOR **En el dormitorio principal, en el ala norte de la casa, hay unas ventanas bajas abiertas en las paredes. Un largo pasillo, que alberga la colección de arte de los dueños, lo comunica con la cocina y el vestíbulo de la entrada. La pared de cemento al descubierto se convierte en un fondo neutro para los coloridos cuadros.**

EXTREMO IZQUIERDA **Las ventanas crean formas geométricas abstractas.**

SUPERIOR **Unos peldaños
conducen a la terraza elevada que
rodea el salón. Unas cristaleras
separan el interior del exterior.**
INFERIOR, IZQUIERDA A DERECHA
**El suelo encerado de parquet
subraya el carácter rústico, aunque
elegante, del salón. Las sillas,
de madera contrachapada, son
un clásico de los diseñadores
y arquitectos norteamericanos
Charles y Ray Eames y evocan
claramente el espíritu funcional
del movimiento moderno.
Sus formas escultóricas
proyectan sombras de contornos
abultados sobre el parquet.**

lado que da al sur, que es desde donde se disfrutan las
vistas sobre el prado y el riachuelo; un porche alargado
subraya también ese vínculo con el exterior. En cambio,
la cara norte de la casa queda mucho más cerrada, por
lo que proporciona la superficie mural suficiente para
albergar la colección de arte de los dueños.

Aunque el interior responde a un diseño básicamente horizontal, de vez en cuando se incluyen también toques verticales en lugares tales como la galería de la entrada y parte del dormitorio principal. En los espacios interiores domina mayormente una luz delicada pero intensa, tanto por acción del sol como de la luna. En ese sentido, los dueños están orgullosos del modo en que la luz anima toda la casa, así como del hecho de poder disponer de un porche, en el otro lado de la casa, como si de un segundo salón se tratara, aunque algo más informal que el que se halla en el interior. Equipado con un banco de hormigón y una enorme barbacoa situada encima de una chimenea, así como un sistema de calefacción bajo el suelo también de hormigón, se puede disfrutar del mismo a lo largo de todo el año. Este tipo de espacios amplios y semipúblicos pueden albergar una gran cantidad de personas y conviven con múltiples recovecos repartidos por toda la casa, como el rincón de la chimenea del salón, el estudio que hay en la misma galería de la entrada o la pequeña ventana salediza del dormitorio principal y que da un patio interior plantado con cicutas. Al ubicar la casa de los invitados a unos cuantos pasos de la casa principal se garantiza la intimidad de ambas sin por ello

sacrificar la unidad del conjunto. Dicha casa, aun siendo pequeña, constituye un refugio cómodo y autónomo que cuenta con su propio porche exterior, desde donde se disfrutan de vistas sobre uno de los dos estanques del enclave.

El diseño de la casa posee algunos detalles decididamente rompedores, como es el hecho de basar el plano de la misma en el vacío de un porche o tratar el patio de la entrada como un plano elevado, pero lo cierto es que nunca llegan a desentonar con el conjunto. Esos mismos detalles, así como el empleo de claraboyas para iluminar el interior y subrayar las acusadas líneas horizontales de la casa, remiten a la obra de Wright y refuerzan sus vínculos con el movimiento moderno norteamericano. Ahora bien, dichas afinidades, más que réplicas directas, están claramente moduladas por el contexto y los propósitos de los dueños. Integrada por un lado en el frondoso paisaje circundante, pero cortándolo al tiempo para enmarcar las vistas y delimitar los espacios exteriores, esta casa en la montaña encarna una sabia y equilibrada simbiosis entre arquitectura y naturaleza.

SUPERIOR **La chimenea y el rincón que queda a sus espaldas se convierten en el punto focal del salón, cuyas numerosas claraboyas reconocen la huella de Frank Lloyd Wright en el diseño de la casa, al tiempo que refuerzan sus vínculos con el movimiento moderno norteamericano. Al igual que muchas de las casas de Wright, ésta encarna un sabio y elegante equilibrio entre arquitectura y naturaleza.**

Íntimos rincones y recovecos dotan de un toque humano al dinámico espacio del salón.

FOTOGRAFÍA PRINCIPAL **Los majestuosos aledaños de la casa culminan en un patio pavimentado con piedra de la zona. Los arquitectos tuvieron el acierto de introducir el patio, elemento de clara procedencia urbana, en un emplazamiento rural.**
DETALLE **Comparado con la amplitud y la transparencia del lado sur de la casa, el lado norte queda mucho más cerrado al mundo exterior, pero como contrapartida ofrece abundante superficie mural donde colgar cuadros.**

A lo largo del siglo XX, y en lo que llevamos del XXI, las nociones de luminosidad y transparencia han ejercido una influencia tan seductora como tenaz en la imaginación de los arquitectos. A pesar del carácter cotidiano del cristal, los modernos procesos de fabricación lo han convertido en uno de los materiales más valiosos y versátiles de nuestros días. Producto de dicha evolución, nuevos lenguajes conceptuales han ido cobrando forma en el campo de la arquitectura, lenguajes éstos en permanente desarrollo y experimentación, desde la simple provisión de luz y vistas sin pérdida de calor a la creación de auténticas obras de arte. La noción de la moderna casa acristalada como pabellón ubicado en un espléndido emplazamiento aislado y rodeado de zonas verdes continúa totalmente vigente, pero en las ciudades y las zonas urbanas la idea de casa acristalada se manifiesta necesariamente de manera muy distinta. La inventiva y el ingenio priman a la hora de aprovechar al máximo la altura y las vistas, así como de trabajar a partir de edificios ya existentes. Todos estos retos dan lugar a enfoques totalmente novedosos, desde abrir al exterior un apartamento alto a través del cristal o edificar partiendo de cero en una zona urbana, hasta encuadrar y delimitar vistas o espacios íntimos por medio de superficies transparentes o translúcidas. La arquitectura de cristal, antaño una utopía, se ha convertido en una apasionante realidad.

Las cristaleras que van del suelo al techo reducen al mínimo los obstáculos visuales. Se han aprovechado las virtudes etéreas y delicadas del cristal para crear un interesante contraste entre la intimidad del interior y la espléndida vista panorámica de Los Ángeles al fondo.

04 VIVIENDAS URBANAS

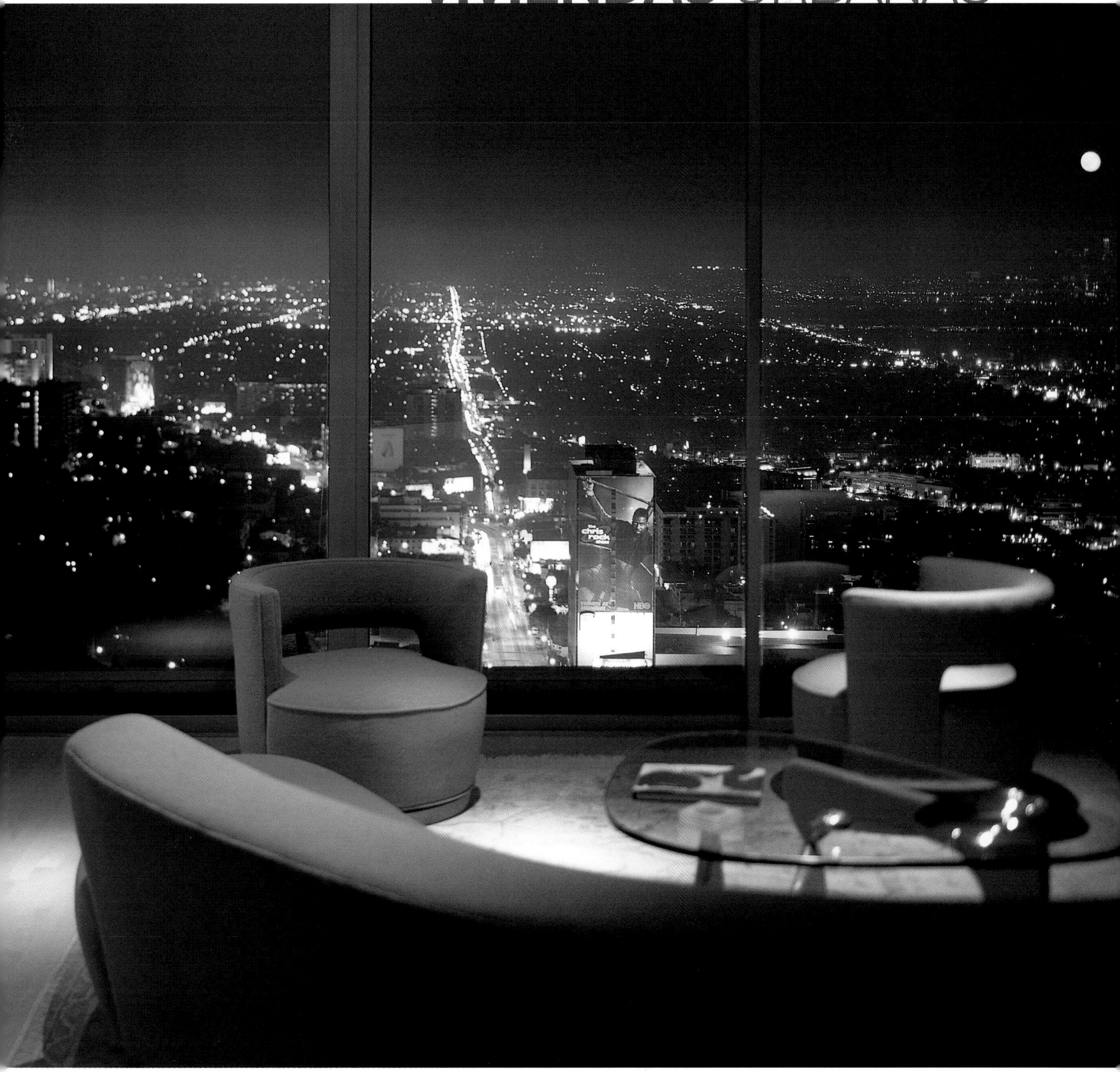

Un loft en Milán

ARQUITECTO: **RODOLFO DORDONI**

PÁGINA ANTERIOR **Este salón
de techos altos constituye el
corazón de la casa. Las ventanas,
que inundan de luz el amplio
espacio interior, se han abierto en
el revestimiento exterior de hormigón.
Los enormes paneles de cristal
descansan sobre un delgado
marco de aluminio.**
SUPERIOR **La mesa del comedor
y las sillas de estilo Eames reflejan el
espíritu elegante pero funcional que
subyace en la rehabilitación de
Dordoni. El edificio original formaba
parte de un antiguo complejo industrial
situado a las afueras de Milán, del que
también se han rehabilitado otros
edificios para diversos usos.**
DERECHA, SUPERIOR E INFERIOR
**El salón da a un jardín con una piscina.
Las gruesas cortinas de color rojo
aportan una nota de llamativo color a
un interior dominado por el blanco.**

**Esta rehabilitación de un antiguo edificio industrial mila-
nés para convertirlo en una vivienda y estudio es una manifestación más de un fenómeno muy propio del siglo XX
consistente en colonizar y rehabilitar antiguos espacios y
naves industriales en desuso. Sus orígenes hay que bus-
carlos en los movimientos de recuperación de lofts neoyor-
quinos de los años cincuenta y sesenta.**

Los primeros lofts eran meros caparazones, a menudo
sin las instalaciones sanitarias o de calefacción pertinen-
tes, pero como contrapartida rebosaban de espacio y
de luz gracias a sus altos techos y a sus ventanas de
grandes dimensiones. La mayoría de ellos eran antiguos
almacenes con la estructura de hierro fundido cons-
truidos en el siglo XIX para albergar distintas actividades de producción industrial y, a pesar de su función
aparentemente mundana, eran estructuras innovadoras. El método de construcción con hierro fundido surgió de la necesidad de construir edificios capaces de
albergar varias plantas en su interior con grandes suelos despejados donde poder llevar a cabo la actividad
industrial. Esta nueva técnica de construcción permitió
liberar la fachada de su antigua función como pared
maestra, al tiempo que permitió rellenar los espacios
entre las columnas con grandes superficies de cristal.
Con el tiempo este tipo de edificios grandes y flexibles
cayó en desuso como consecuencia de diversos cambios sociales y económicos, lo que llevó a sus dueños
a buscar nuevos usos para sus inmuebles.

Los primeros inquilinos de los lofts eran artistas y
personas de vida bohemia que encontraron en su interior un espacio lo bastante grande como para poder vivir y trabajar al mismo tiempo y a precios más
que ajustados. Es en esta casa estudio donde hay que
buscar los orígenes del loft moderno, si bien existen
también precedentes del mismo en los espacios de
planta abierta de los partidarios del movimiento moderno, así como en los talleres de los artistas de principios del siglo XX. Desde sus orígenes allá por los años

Antiguos edificios
industriales en desuso
han cobrado nueva vida
de la mano de proyectos
imaginativos y
respetuosos.

cincuenta, los lofts se han convertido en una de las tipo-
logías arquitectónicas de mayor difusión a nivel internacional. Rara es la ciudad en la que no se rehabilitan antiguos espacios de uso industrial para venderlos como
viviendas independientes. No en vano, la cultura del loft
está en pleno auge y abarca ciudades geográficamente
tan distantes entre sí como Helsinki y Sâo Paulo. En los
años setenta, el concepto de rehabilitación alcanzó el
grado de disciplina arquitectónica, sobre todo en Estados Unidos, hasta el punto de que el loft se convirtió en
un elemento indispensable en las políticas de reurbani-
zación de las ciudades. Tomando como precedente la
experiencia norteamericana, la idea de rehabilitar espacios industriales en desuso fue ganando poco a poco
adeptos en Europa.

La grandeza del interior de los lofts resulta de una
tranquilizadora amplitud. Las cristaleras se suelen utilizar tanto en la fachada externa como en el interior para
delimitar los diferentes espacios sin por ello sacrificar la
abertura de los mismos. En cierto sentido, la idea original de *loft* como vivienda basada en el principio de máximo espacio con el mínimo coste ha sido objeto de una
severa reinterpretación en los últimos años. El loft ha pasado a ser una codiciada pieza inmobiliaria que, sobre
todo en las grandes ciudades, ha alcanzado precios de-
sorbitantes, lejos de los 10 USD al mes que pagaba el
artista norteamericano Robert Rauschenberg por vivir
en el centro de Manhattan a principios de los años cincuenta. De todos modos, la libertad que ofrece el loft a
la hora de diseñarlo como vivienda hace que constituya
una alternativa sumamente atractiva.

En Italia, un país con una rica tradición arquitectónica, la rehabilitación de espacios industriales es un fenómeno mucho más reciente que en ciudades como
Londres o Nueva York. La razón es bien sencilla: ya
hay demasiados edificios mucho más antiguos y valiosos desde un punto de vista histórico como para que
los edificios de uso industrial figuren entre las priorida-

EXTREMO IZQUIERDA **Tanto las paredes blancas como el suelo de hormigón dan forma a un austero fondo para el mobiliario y los objetos artísticos. Las altas ventanas inundan de luz el interior.**
EXTREMO IZQUIERDA, DETALLE **El estudio, situado en el piso superior, da al salón de doble altura.**
IZQUIERDA **Una escalera separa el gran espacio de planta abierta de las habitaciones independientes.**
ESTA PÁGINA **El interior destaca por sus grandes dimensiones. Una mesa a medida de aluminio con esbeltas patas recorre el borde del estudio situado en el entresuelo, al tiempo que hace de barandilla.**

des de conservación. Otra explicación es la ausencia de grandes recintos de planta abierta en el centro de la ciudad. En la periferia, en cambio, abundan las fábricas y los almacenes, a los que poco a poco se les dan nuevos usos.

La rehabilitación que ha llevado a cabo Rodolfo Dordoni de este antiguo edificio industrial en desuso ubicado en el interior de Milán respeta la acusada personalidad de la arquitectura original, si bien posee ciertas características que la diferencian claramente del típico loft neoyorquino. En primer lugar, es un edificio independiente, como una casa de campo, pues no forma parte de un complejo o edificación de mayores dimensiones. Por otro lado, da a un jardín, por lo que establece un vínculo con el exterior. El edificio, que antaño fue la cafetería y el guardarropía de un antiguo recinto industrial ubicado en la zona sudoeste de Milán, cayó en desuso tras el cierre de la fábrica. Prácticamente todos los almacenes de la zona se han rehabilitado como viviendas, oficinas o estudios, convirtiéndose de ese modo en espléndidos espacios de planta abierta que aúnan las toscas formas arquitectónicas de su pasado industrial con la brillantez del diseño italiano.

Emplazado dentro de su propio recinto, el edificio de Dordoni es un sencillo bloque rectangular de dos plantas construido en su mayor parte con hormigón. Su rehabilitación pretendía aprovechar al máximo el espacio y la luz disponibles abriendo enormes superficies acristaladas en las paredes de hormigón. El resultado se basa en un acusado contraste entre la contundencia de estas últimas y las nuevas ventanas, provistas de grandes paneles de cristal sujetos por medio de finos marcos de aluminio.

El salón, de doble altura, da a un jardín en el que a uno de los lados de la casa hay una piscina cuadrangular que aporta un toque hedonístico al conjunto. Dispuestas a lo largo del salón se ha habilitado toda una serie de habitaciones independientes como dormitorio para los invitados, lavadero y cocina. Esta última está comunicada con el comedor, que a su vez da al salón. Una escalera más bien estrecha, dispuesta longitudinalmente, separa el salón principal del resto de las habitaciones más pequeñas, al tiempo que conduce al piso superior, un espacio más privado y resguardado que el anterior pero no sin interés. En él hay un estudio que va a

Tanto los materiales como el mobiliario, de un refinado aire moderno, combinan con la simplicidad del interior. El efecto resultante es de una elegancia comedida.

dar al salón y que media entre los dos pisos, desde el que se disfruta de abundante luz y vistas.

A ambos lados del estudio hay sendos dormitorios con su correspondiente baño. El del dormitorio principal es especialmente espacioso, con su bañera en el centro y una pila doble con encimera de mármol. Las paredes laterales además están recubiertas de un suave yeso esmaltado.

Dotada de una fluida elegancia, la continuidad de los diversos espacios se ve muy realzada mediante la uniformidad de los materiales empleados. En el caso del suelo se ha utilizado hormigón al descubierto, aunque previamente se ha pulido e impermeabilizado con el fin de que reluzca. La escalera a su vez está recubier-

SUPERIOR **La cocina da a un patio cerrado repleto de plantas. Las enormes cristaleras dejan pasar la luz, al tiempo que subrayan el vínculo con el exterior. El proyecto de Dordoni combina algunas de las grandes ventajas de vivir en un loft con las de vivir en una casa. Las características del emplazamiento permiten saborear al máximo la vida al aire libre, un placer del que raramente disfrutan los habitantes de la gran ciudad.**

DERECHA Y EXTREMO DERECHA **Tanto el mobiliario como los acabados de la cocina fueron diseñados por el propio Dordoni, como la mesa de caoba que hace de prolongación del módulo con encimera de mármol. Las sillas con forma de «hormiga», diseñadas por Fritz Hansen, completan el conjunto, cuyo aire funcional refleja el pasado industrial del edificio.**

ta con madera de abeto, con lo que introduce en el conjunto un cálido toque natural que contrasta con la frialdad y la lisura del hormigón. Por otro lado, las paredes se hallan recubiertas con una capa de yeso blanco, pintada a su vez de blanco para de ese modo multiplicar la sensación de luminosidad. En los baños, unas relucientes baldosas de color gris delimitan la zona donde se encuentran las bañeras. La luz fluye libremente por los amplios espacios interiores, al tiempo que se refleja en el blanco de las desnudas paredes y la reluciente capa de hormigón del suelo.

Esta limitada gama de materiales dibuja un fondo neutro sobre el que se despliega una estudiada selección de muebles que reflejan ese espíritu elegante y funcional del mejor estilo moderno. El sobre de caoba de la mesa de la cocina hace de prolongación de una superficie de trabajo con una encimera de un precioso mármol veteado de Carrara. Los muebles de la cocina, repartidos en varios huecos de ladrillo y diversos módulos independientes, fueron expresamente diseñados por Dordoni. Las sillas, a su vez, son el célebre modelo «hormiga» diseñado por el interiorista danés Fritz Hansen, mientras de la mesa de comedor, de plástico y sobre una base larga y delgada de estilo «Torre Eiffel», fueron

Aislado del resto de la casa situada a sus pies, pero a la vez parte integrante de la misma, el estudio situado en el entresuelo da al salón y disfruta de abundante luz y excelentes vistas. El recurso del entresuelo como espacio adicional a modo de dormitorio o estudio se ha convertido en una estrategia recurrente en la rehabilitación para el uso doméstico de espacios industriales, si bien en este caso Rodolfo Dordoni aporta su peculiar toque contemporáneo e intemporal a un mismo tiempo. Como una muestra más del sabio empleo del espacio, la alargada mesa de trabajo hace también las veces de barandilla.

El baño de la suite, cuyo suelo se ha recubierto con azulejos de cristal de color gris, se ve desde el dormitorio. Desde un principio se concibió como una *salle de bain* de generosas proporciones, equipado con su propia bañera independiente, visible a la izquierda. La luz entra libremente en el interior a través de una serie de ventanas laterales.

diseñadas por Charles y Ray Eames. La selección de los
materiales y el mobiliario empleados pretende reflejar la
austera simplicidad del interior, así como sus orígenes
industriales.

Por otro lado, este loft milanés ilustra también hasta
qué punto este tipo de espacios se ha convertido en
una referencia obligada para cierto estilo creativo de
vida en el que las actividades profesionales y domésticas forman un todo. En tanto que vivienda y trabajo, se
trata de una mezcla entre hedonismo y cotidianeidad,
espacios públicos y privados, algo por lo que vivir en
un loft resulta una experiencia paradójica. En este caso
concreto, el gran espacio neutro sirve tanto para la vida
en familia como para trabajar. Así, el estudio del entresuelo, si bien permanece aislado del resto de la casa situada a sus pies, forma parte de ella al compartir las
mismas vistas e idéntica luz.

La inclusión de un entresuelo como espacio para
dormir o trabajar constituye una acertada revisión de los
antiguos espacios intermedios habilitados como almacenes, aunque tiene también como precedente los estudios en que vivían los artistas del París de principios
del siglo XX, provistos de abundante luz natural y espacio
suficiente como para albergar los cuadros y un pequeño
entresuelo a modo de dormitorio. Con el tiempo, este
tipo de espacios se asoció con la creatividad artística
hasta convertirse, de la mano de los arquitectos del movimiento moderno, en todo un referente muy utilizado
hoy en día en la división de espacios de grandes dimensiones.

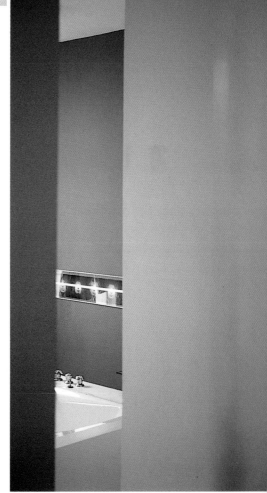

Los dormitorios y los baños de la planta superior constituyen
íntimos reductos de luz y color especialmente concebidos para estimular
los sentidos.

ESTA PÁGINA **La puerta acristalada que da al patio de entrada permite vislumbrar destellos procedentes del interior de la vivienda.** DETALLE **El salón principal está cubierto por un enorme techo de cristal.** SUPERIOR DERECHA, IZQUIERDA A DERECHA **La azotea, disimulada desde el exterior mediante hojas de cristal translúcido, disfruta de unas espléndidas vistas del norte de Londres, así como del interior del salón.** EXTREMO DERECHA **La luz entra a raudales a través del techo acristalado e ilumina así el salón a dos niveles.**

Un nuevo concepto de palacio

ARQUITECTO: **RICK MATHER**

Las zonas más verdes y mejor orientadas del norte de Londres son testigo desde hace tiempo de algunas de las experiencias más interesantes y novedosas en el terreno de la arquitectura doméstica. La Sun House, que erigiera Maxwell Fry en 1935, así como las casas pareadas de Willow Road, en Hampstead, diseñadas por Ernö Goldfinger, testimoniaron la llegada del movimiento moderno a la escéptica Inglaterra de la época. Concretamente, la Sun House de Fry ejemplificaba, con sus sinuosos muros pintados de blanco, sus balcones náuticos dispuestos sobre unas esbeltas columnas de acero y sus amplias superficies acristaladas, la irrupción de una nueva era dominada por espacios amplios, aireados y saludables que nada tenían que ver con los oscuros interiores de las casas tradicionales de las épocas victoriana y georgiana que predominaban en el Londres de aquellas fechas. Encargadas por unos clientes ilustrados y atrevidos, las nuevas casas encarnaban la tríada de Le Corbusier (*soleil, espace, verdure*; «sol, espacio y verdor») en la elegante periferia urbana.

Situada en lo alto de un montículo, esta casa de Rick Mather bien podría pasar por uno de los referentes del primer movimiento moderno. Vista desde la calle, poco es lo que deja entrever, a excepción de un muro impenetrable de color blanco situado en la parte posterior de un patio de entrada convenientemente cercado. Frente al color amarronado de los ladrillos de las casas contiguas, sorprende la blancura mediterránea de la casa de Mather, cuyo interior depara otras muchas sorpresas, todas ellas deliciosas.

Mather es conocido por su habilidad a la hora de fundir las ideas del movimiento moderno en un estilo que los teóricos más reaccionarios consideran, con no poco escepticismo, lo que por otro lado no le ha impedido hacerse con el favor de los arquitectos más modernos. Suele llevar a cabo, además, un empleo imaginativo de los materiales, que le hace explorar nuevas y diferentes maneras de utilizarlos y combinarlos.

Más allá de sus incursiones en ámbitos de índole más utilitaria, como las residencias para estudiantes y los bloques de oficinas, el encargo ideal para un arquitecto como Mather es aquel que procede de un cliente rico y entusiasta. No en vano, esta casa es un lujoso «minipalacio» para un moderno Médici. En este caso, Mather contó desde un principio con todo el espacio y la libertad de actuación de que precisaba para profundizar en su enfoque neomoderno. Su obra se caracteriza por una fluida reinterpretación del espacio, que se consigue a través de la inclusión de nexos visuales verticales, horizontales y tridimensionales entre los diferentes espacios y elementos existentes, con el objetivo de dotar al espacio de la mayor amplitud posible y aprovechar al máximo la luz. Precisamente, una de las constantes de la arquitectura de Mather es esa embria-

Elementos visuales verticales, horizontales y tridimensionales crean nexos entre los amplios espacios.

IZQUIERDA **El innovador uso que hace Mather del cristal refuerza los vínculos con el exterior, ya que permite que los inquilinos observen al detalle las condiciones cambiantes del tiempo atmosférico y la luz. En esta zona de la casa que da al jardín, las superficies horizontales de cristal se funden con otras verticales dando lugar a un todo ininterrumpido y transparente. Las zonas acristaladas del suelo proyectan luz natural sobre la piscina situada en el piso inferior y dejan entrever fugaces destellos de ese misterioso recinto subterráneo.**
ESTA FOTOGRAFÍA **El salón, un imponente recinto a dos niveles, amplio y luminoso, constituye el núcleo de la casa.**
EXTREMO DERECHA, SUPERIOR **El salón se prolonga en una terraza delimitada por un muro. Equipada con una persiana exterior, la enorme claraboya del techo, orientada al sur, recuerda los grandes ventanales de los estudios de los artistas.**
EXTREMO DERECHA, INFERIOR **La escalera es de cristal transparente. Las huellas de los peldaños, apenas visibles, facilitan el paso de la luz.**

gadora sensación de libertad espacial que se respira dentro de los límites impuestos por el edificio, algo que en esta casa es claramente patente, entre otras muchas cosas.

El cliente deseaba por encima de todo una casa que fuera más allá de lo convencional y constituyera una obra de arte por sí misma. Mather, que fue elegido de entre cinco arquitectos preseleccionados, apostó por un proyecto que fue inmediatamente aceptado. El nuevo edificio, que sustituye a la anterior casa, edificada en los años cincuenta, llama la atención sobre el resto de las casas colindantes más formales. La luz natural se proyecta en el interior del edificio en todas las direcciones; en el centro, un hueco de grandes dimensiones recubierto con un tragaluz desciende hasta la piscina situada en el sótano. La luz penetra a raudales a través de este hueco ininterrumpido, en el que la escalera, con los peldaños de cristal transparente, parece flotar en el aire. A su alrededor se encuentran las habitaciones de grandes dimensiones dispuestas en dos plantas.

La puerta de entrada que da a la calle posee un dispositivo electrónico digno de las películas de James Bond. La casa se levanta sobre un terreno en pendiente, de ahí que desde la calle parezca tener tan sólo dos plantas; en cambio, en la parte posterior de la casa se aprecian bien sus tres plantas, que dan a un

jardín vallado. El vestíbulo de entrada da paso, una vez dejada atrás la reluciente escalera de cristal, a los espacios habilitados como salón y comedor, un imponente recinto de dos plantas rematado por un tragaluz de cristal, a través del cual penetra la luz natural a raudales. El cristal subraya el contacto con el exterior, al permitir a los inquilinos de la casa observar con todo detalle los matices del tiempo atmosférico y la luz. Las aberturas recubiertas de cristal que hay en el suelo, y que hacen que parezca que uno se encuentra flotando en el aire, dejan entrever entre fugaces destellos el agua de la piscina situada en la planta inferior. La zona del comedor y del salón, colindante con la escalera, se encuentra dividida por un suelo parcialmente recubierto de cristal que acaba fusionándose con el alzado oeste, también de cristal.

Aun con el cielo encapotado, la luz que penetra por la claraboya orientada hacia el sur fluye a raudales en el salón.

El salón constituye el verdadero corazón de la casa, en la que la cocina queda en el lado que da a la calle junto a un pequeño huerto. En la primera planta se encuentran los dormitorios y los baños, todos ellos dispuestos en forma de «L» alrededor del hueco del salón. La barandilla se compone de múltiples tablas de cristal de diseño liso y austero, lo que contribuye a subrayar la sensación de luminosidad y ligereza.

La secuencia que dibujan los diferentes planos y volúmenes flotantes tiene como objetivo centrar la atención sobre el espacio en sí. La disposición de dichos espacios, así como la iluminación de cada uno de ellos, gana en intensidad gracias a la inesperada fluidez de la estructura. En ese sentido, la primacía de esta última queda supeditada a la contundencia de los espacios y los nexos visuales que se establecen entre ellos. En lugar de so-

Sorprendentemente
delicada y cristalina,
parece como si la
escalera flotara en
el aire cual escultura
de cristal.

meter la estructura a una interpretación convencional, se prioriza el espíritu arquitectónico del conjunto, de igual modo que la abstracción en pintura sirve para enfatizar unas ideas que bien podrían pasar desapercibidas con un tratamiento más convencional.

Nos encontramos ante el movimiento moderno en su expresión más pura, un claro tributo a las clásicas villas de Le Corbusier. A pesar de las superficies horizontales de cristal que delimitan el recinto contiguo de la piscina, el espacio se eleva verticalmente desde la planta inferior a la superior. Precisamente este fluir del espacio a lo largo de las tres plantas dota al conjunto de un aire escultórico. En ese sentido, la principal ventana de la casa (una claraboya orientada al sur equipada con una persiana exterior) entronca con los estudios parisinos donde habitaban los artistas, que fueron los primeros en apostar por los grandes ventanales. Aun con el cielo más encapotado, el espacio interior irradia una extraordinaria luminosidad y cuando el día está despejado el efecto todavía resulta más espectacular. El empleo del cristal, ya sea transparente o translúcido, y tanto dispuesto horizontal como verticalmente, desdibuja totalmente los límites, de manera que el interior resultante nada tiene que ver con la clásica disposición en habitaciones independientes y separadas entre sí.

Situado junto al estudio hay un pequeño balcón que da al interior de la casa y que, por tanto, constituye un perfecto punto desde donde contemplar las entrañas de la vivienda. Desde este balcón parece como si la composición se abriera en todas las direcciones, anclada tan sólo por el elemento divisorio liso que oculta el pasillo del dormitorio situado en el otro extremo. Se trata de nuevo de un tributo a las primeras casas de Le Corbusier, en las que suele haber un elemento escultórico que estabiliza el fluir del espacio. Ahora bien, en este caso, y a diferencia de Le Corbusier, Mather introduce unas estrechas aberturas acristaladas para restar contundencia a la superficie. La composición está dominada en todo momento por la presencia constante de la luz, ya sea proyectándose directamente desde el exterior a través de las enormes superficies acristaladas, o bien reflejándose en sentido ascendente en el agua de la piscina.

Las tablas de cristal de la barandilla, que cortan el aire como si fueran las palas transparentes de un motor, desdibujan los contornos con sus reflejos, al tiempo que los delimitan con una precisión quirúrgica. Las hue-

llas de cristal de los peldaños de la escalera dibujan un camino teatral que dista mucho de tener una única finalidad práctica. Incluso cuando el sol está ausente del cielo, las superficies horizontales de cristal y el agua de la piscina reflejan la diagonal de la escalera, creando de este modo un efecto tan ambiguo como el de Escher en su deseo de escapar a la gravidez.

Por otro lado, la casa está distribuida con el propósito de lograr la mayor comodidad posible. Así, por ejemplo, los dos dormitorios estudio individuales se han situado en las esquinas de la planta baja, con lo que resultan ideales para alojar a los invitados o a los más pequeños. Asimismo, la casa hace gala de una maravillosa sensibilidad para con el entorno circundante, ya que las principales ventanas encuadran las mejores vistas. Los imponentes muros blancos, además de modelar el dinámico espacio interior, ocultan los edificios colindantes, aislando la vivienda y subrayando las vistas existentes. En ese sentido, la casa constituye toda una lección a la hora de ilustrar lo que se puede llegar a perder adoptando el enfoque utilizado por Mies van der Rohe en la «caja de cristal», abriendo los alzados de to-

La planta inferior la ocupa una piscina de enormes dimensiones, un centelleante estanque plácidamente sensual.

dos los lados, y cuán convincente y ventajoso resulta filtrar el exterior por medio de unos muros de obra en lugar de, por ejemplo, unas simples persianas. Pensando siempre en esa misma funcionalidad, los amplios y proporcionados pasillos y armarios permiten transformar de una manera eficiente el desorden doméstico en espacios perfectamente ordenados.

La casa no dispone de ningún garaje cubierto, ya que tanto el jardín delantero como el trasero se han concebido como una serie de espacios coherentes que prolongan los límites externos de la casa, con un jardín aromático empedrado en el lado de delante y un clásico césped con árboles en hilera en la parte de atrás. En las proximidades de los espacios de mayor interés se han reservado abundantes zonas para sentarse con el fin de aprovechar al máximo el buen tiempo. La casa, rebosante de luz que procede de todas las direcciones, forma un efecto tan complejo como mágico que ilustra a la perfección la rara virtud de ser, al mismo tiempo, un lugar maravilloso para vivir y una extraordinaria obra arquitectónica.

La obra de Mather guarda algunas similitudes con la escuela *high-tech*, sobre todo en lo que se refiere a su luminosidad y transparencia, así como a su preferencia

PÁGINA SIGUIENTE **La piscina que ocupa la planta inferior forma una especie de caverna mágica. La escalera se refleja tanto en el agua como en el cristal.**
SUPERIOR DERECHA Y DERECHA **La luz que traspasa la escalera proyecta sombras y reflejos sobre el agua que aportan un toque de lánguida sensualidad.**
INFERIOR **La sección muestra la distribución de los espacios y la escalera central.**

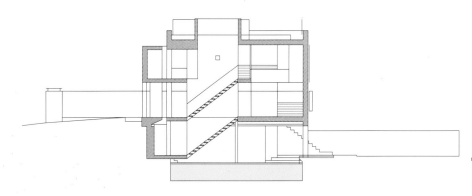

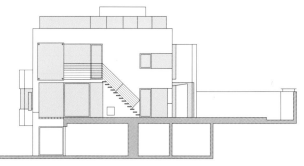

por los materiales duros y trabajados, aunque lo cierto es que no se ajusta a una mera clasificación y en todo momento se muestra respetuosa con el entorno así como con las peculiaridades del proyecto. El entorno está constituido ante todo por la ciudad, y muy especialmente, por el Londres residencial de casas pareadas de la época georgiana, con sus anexos victorianos. De todas las casas diseñadas por Mather en Londres, de entre las que ésta constituye un excelente ejemplo, se desprende que su concepto de ciudad no consiste en una servil imitación y reproducción de las formas tradicionales. Todo lo contrario, Mather concibe la ciudad como un entorno vivo y en constante evolución, en el que los edificios contemporáneos establecen un diálogo con sus homólogos más conservadores. Por lo que se refiere al carácter físico de su arquitectura, Mather

Mather evita la ornamentación obsesiva, concentrándose en cambio en el uso del espacio, la luz y la exquisitez de los refinados materiales.

IZQUIERDA **Cerrada por medio de unas puertas correderas de cristal que se pueden abrir hacia dentro cuando hace buen tiempo, la piscina constituye un delicioso reducto subterráneo inundado de luz. Ésta se refleja en el agua y se proyecta sobre el resto de la casa.**
ESTA FOTOGRAFÍA **El alzado de tres plantas, que da al jardín, constituye un apurado ejercicio geométrico de paredes blancas y grandes superficies acristaladas. A través de su abstracción, su pureza y su blancura mediterránea, evoca los optimistas años del primer movimiento moderno inglés, del cual aún perviven abundantes ejemplos en esta zona de Londres.**
INFERIOR **En la parte de la cristalera que da hacia afuera hay un estanque con guijarros que comunica con la piscina del interior.**

apuesta claramente por el empleo de materiales transparentes o reflectantes y en especial por el acero inoxidable y el cristal en cualquiera de sus variantes. Esta opción decorativa tiene su precedente en Adolf Loos, el influyente precursor del movimiento moderno que supo explotar las sensuales cualidades de las superficies de los materiales empleados, para crear un efecto de lujo que nada tenía ya de artesano. Ahora bien, la obra de Mather se somete a un férreo control formal (minimalista incluso, en cierto sentido) que le impide caer en un exceso de decoración fetichista para concentrarse, en su lugar, en la esencia misma de la arquitectura: el espacio, la luz y unos materiales exquisitamente trabajados.

Refugio en Hollywood

ARQUITECTOS: **RICHARD NEUTRA/MARMOL RADZINER**

ESTA FOTOGRAFÍA **La Lew House, obra de Richard Neutra, disfruta de un magnífico emplazamiento elevado desde donde se contempla la ciudad de Los Ángeles.**
DETALLE **La casa tiene dos plantas y se accede a ella por la de arriba, que queda al nivel de la calle. La escalera de atrás conduce al jardín en pendiente.**
DERECHA **El compacto vestíbulo de entrada ofrece vistas sobre el salón situado al fondo.**

Richard Neutra, un emigrante austríaco que se estableció en Estados Unidos a principios de los años veinte, fue un moderno entre los modernos. La arquitectura de Neutra constituye toda una sofisticada ecuación metodológica orientada a atender tres variables: emplazamiento, cliente y presupuesto. A lo largo de su carrera, que se dilató durante medio siglo (desde 1915 hasta finales de los años sesenta), llevó a cabo en el terreno de la arquitectura doméstica una metódica búsqueda de un espacio orgánico y flexible donde vivir, lejos de las soluciones efectistas y aisladas.

Neutra fue un arquitecto visionario que supo ver el enorme potencial que ofrecía adaptar las técnicas de estandarización procedentes de la industria y explotar materiales ligeros como el acero y el cristal para crear estructuras y espacios de gran flexibilidad. En el transcurso de los años desarrolló y perfeccionó toda una serie de elementos, algunos de los cuales, como los marcos metálicos de las ventanas, se convirtieron en una constante en su obra, tanto en los proyectos más ambiciosos como en los más modestos. A principios de los

ESTA FOTOGRAFÍA **En la parte posterior de la casa hay un balcón exterior al que se accede desde el salón y el dormitorio principal. Las puertas correderas de cristal separan el espacio interior del balcón, que cuando hace buen tiempo se convierte en una prolongación del salón.**
DETALLE **El porche situado en el lado de la casa que da a la calle hace las veces de comedor exterior. Unas elegantes persianas lo ocultan del resto del salón.**

SUPERIOR **Arquitectos como Frank Lloyd Wright hicieron de la chimenea el verdadero corazón de la casa. Si hay un elemento comparable en las casas de Neutra, ése es sin duda la terraza, equipada por lo general con calefacción bajo el suelo.**
EXTREMO SUPERIOR IZQUIERDA **Entre los elementos diseñados originalmente por Neutra que los actuales dueños han conservado se encuentran las tensas cuerdas metálicas de piano que conforman la barandilla de la terraza.**
SUPERIOR IZQUIERDA **La transición de la terraza al salón viene determinada por el cambio de textura en el recubrimiento del suelo.**

SUPERIOR Y SUPERIOR DERECHA
Tanto el mobiliario como los detalles respetan al máximo el elegante espíritu funcional concebido por Neutra y combinan a la perfección con el desnudo y sencillo espacio interior.
PÁGINA ANTERIOR **Las puertas correderas prolongan el salón hasta la terraza exterior con suelo de madera, lo que permite disfrutar del benigno clima californiano.**

En las casas de Neutra, la relación entre el interior y el exterior no está exenta de cierta ambigüedad.

años cincuenta empezó a incluir marcos de aluminio en las ventanas reservándolos para las zonas más íntimas de la casa, como las cocinas y los dormitorios, así como las grandes superficies acristaladas para cerrar los salones. El método de diseño de Neutra, muy sistemático, no sólo se verá restringido a sistemas de construcción y materiales. Su práctica también estaba sistematizada. Los detalles perfectos de unos dibujos salían directamente de un cajón y pasaban al contratista. «Este enfoque liberaba a Neutra de muchas faenas: se disminuía el tiempo de dibujo; se reducían los costes de construcción porque podían predecirse las formas de actuación,

y el empleo de las soluciones probadas y ensayadas significaba que Neutra podía encargarse del lugar y de las necesidades de sus clientes.»[1]

Uno de los primeros proyectos de Neutra fue la Lovell Health House, la primera casa con estructura de acero de Estados Unidos. Acabada en 1929, provocó una gran expectación y consagró a Neutra a nivel internacional. Se trataba, además, de una casa que reflejaba muy bien el arte de vivir en Los Ángeles, con sus amplios valles salpicados de cañones y colinas.

Durante la década de los años cincuenta se construyeron un gran número de casas sofisticadas e infor-

males en las que se sacó el máximo partido a la combinación de ligeros marcos de acero, cristaleras y piscinas reflectantes, todo ello en parajes de gran interés. En 1959 Neutra finalizó las obras de una casa para un matrimonio de Los Ángeles, situada en un impresionante enclave en pendiente. Dicha casa, de dos plantas, ha sido restaurada por Marmol y Radziner respetando al máximo el espíritu arquitectónico original y constituye una imaginativa fusión del espacio en un privilegiado enclave fuertemente inclinado, situado en las colinas que dan al oeste de Hollywood. La casa se levanta en plena ladera de la colina y desde la calle se accede a ella a través de la planta superior. «La fachada posee dos funciones, una pública y otra privada. Situada en el centro de la casa, entre el porche y el ala privada de la vivienda, la entrada acristalada ofrece una deslumbrante vista del espacio interior que se extiende ante ella. El saliente del porche descansa sobre una hilera de esbeltas columnas de acero con forma de tubo y chapadas en cromo. Los dormitorios quedan disimulados tras una pared de color blanco y el revestimiento de tablones de madera de secoya aporta un toque rústico.»[2]

Subrayando el espíritu sociable y amistoso de la casa, el porche hace las veces de salón exterior. En el jardín de la parte posterior de la misma hay, además, un balcón alargado con el suelo de madera al que se accede desde el mismo salón y al dormitorio principal a través de unas puertas correderas de cristal. Desde esta incomparable atalaya, la ciudad de Los Ángeles se extiende colina abajo. El saliente del tejado ofrece un espacio de sombra y refugio adicional. Entre los elementos más innovadores caben destacar las tensas cuerdas metálicas de piano que separan a modo de barandilla el salón de la escalera al descubierto, detalle éste que se repite en la barandilla del balcón posterior. El acusado carácter vertical de este elemento se ve realzado todavía más por la acompasada distribución de los tablones de madera de secoya del suelo.

Neutra reservó un papel muy importante a la naturaleza en sus casas. «Para Frank Lloyd Wright, el corazón de una casa era la tierra. Para Neutra, era la terraza, de ahí que la relación entre los espacios interiores y los exteriores no esté exenta de cierta ambigüedad. De hecho, los límites entre el interior y el exterior se reducen a una delgada

SUPERIOR **En las casas de Neutra, la accidentada orografía del terreno aportaba intimidad a las casas que se levantaban en plena ladera, lo que por otro lado ofrecía a sus inquilinos excelentes vistas. La casa de Lew se abre por la parte de atrás, desde donde da a un jardín con la ciudad al fondo. Los interiores demuestran hasta qué punto el arquitecto dominaba los espacios de transición. En este caso, la ciudad de Los Ángeles se convierte en un fondo privilegiado de la vida cotidiana de los inquilinos de la casa.**

superficie acristalada, de manera que nada pueda interferir en la relación primigenia entre el hombre y la naturaleza, con independencia de si la casa se encuentra en la periferia de una gran ciudad o en la inmensidad de los Alpes suizos.»[3]

Los interiores de Neutra revelan hasta qué punto dominaba este arquitecto los espacios de transición. «Al tiempo que distribuía el espacio, distribuía sus funciones. En una ocasión llegó a afirmar, pecando tal vez de poco realismo: 'En nuestras casas, las habitaciones no tienen nombres como salón, comedor o dormitorio, sino que son porciones de un gran espacio habitable, orgánico y eminentemente elástico'. Esta noción de un gran espacio habitable recuerda el *zashiki* japonés, una habitación flexible que se puede utilizar como salón, dormitorio o zona de esparcimiento.»[4] Neutra reinterpreta poéticamente ese concepto para adaptarlo al estilo de vida hedonista del sur de California.

SUPERIOR DERECHA Y DERECHA **Las colinas del oeste de Hollywood poseen algunas de las mejores vistas sobre Los Ángeles. El imponente contorno de la ciudad se refleja en las cristaleras, dando lugar a una mágica interacción de reflejos. La obsesión de Richard Neutra por incluir en sus proyectos los métodos de producción en serie procedentes de la industria permitió que sus casas se pudieran construir rápidamente y sin grandes desembolsos. Al disponer de módulos prefabricados, Neutra podía consagrar más tiempo a sus clientes. Sus casas se hicieron enormemente populares y en la actualidad son testimonio de los días de gloria del hedonista movimiento moderno californiano.**

1. Barbara Lamprecht, *Richard Neutra-Complete Works* (Colonia: Taschen, 2000), pág. 54. **2.** *Ibid.*, pág. 357. **3.** *Ibid.*, pág. 52. **4.** *Ibid.*, pág. 60.

Los interiores tienen un toque de elegante calidad; el mobiliario ha sido cuidadosamente seleccionado para realzar la belleza del diseño de Neutra, que destaca los espacios fluidos y el reflejo de la luz.

ESTA FOTOGRAFÍA **Los largos ventanales inundan de luz el dormitorio principal, situado en la planta inferior junto al jardín. El estilo del mobiliario introduce un toque de moderna elegancia.** DERECHA **La escalera que une las dos plantas de la casa surge de la necesidad de compensar lo inclinado del emplazamiento. Neutra ubicó el salón en la planta superior y reservó la inferior para el dormitorio. A pesar de lo poco convencional de esta distribución, el plano es lúcido y lógico, con espacios fluidos.**

Una casa entre medianeras

ARQUITECTOS: **OGAWA/DEPARDON**

La casa entre medianeras es un tipo de edificación muy abundante en algunos países y ciudades. Levantada sobre una estrecha parcela de terreno delimitada por sendas secciones de muro paralelas, suele tener de tres a cinco plantas de altura y simboliza el máximo grado de comodidad para la gente de clase acomodada. Está íntimamente ligada a la escala humana, si bien forma parte asimismo de la inmensa trama urbana. Por un lado es una entidad única pero, por otro lado, no deja de ser un módulo fabricado en serie que se puede combinar en multitud de configuraciones urbanas. La casa entre medianeras encarna un gran número de cuestiones que preocupan a los arquitectos de hoy en día, como la interrelación entre los edificios, en tanto que entidades individuales, y la ciudad como un todo; la tensión entre el exterior público y el interior privado, o la relación entre el núcleo urbano y la periferia, todo ello plasmado en la tipología formal de un prisma.

La forma y la organización de la moderna casa entre medianeras se puede rastrear en multitud de precedentes, desde las mansiones de la antigua Roma hasta las casas tradicionales de Londres y París, los palacios renacentistas italianos y las revisiones llevadas a cabo por maestros modernos como Le Corbusier o Chareau. En sentido estricto, la casa entre medianeras tiende a estar encajonada y en lugares difíciles de adecuar a los proyectos originales y suele disputarse el espacio y la luz disponibles con las casas adyacentes. El escaso suelo del que dispone por lo general condiciona una distribución forzada de los espacios interiores, en la que las habitaciones a menudo quedan unas encima de las otras. Pocas son las ocasiones en las que hay más de una fachada por diseñar y, aun en ese supuesto, dadas las restrictivas normativas que imperan en zonas urbanas, difícilmente se puede actuar con total libertad. No obstante y a pesar de todas estas limitaciones, la casa entre medianeras se ha convertido en un escenario donde tienen cabida no pocos proyectos arquitectónicos innovadores.

Más allá del auge que experimentó en el Londres georgiano y el Nueva York decimonónico, la casa entre medianeras forma parte también de la historia arquitectónica del siglo XX, y en la actualidad experimentan un significativo resurgimiento. En ese sentido, es del todo incomprensible el desinterés que muestran los teóricos por dicha recuperación. No deja de sorprender que, en un mundo en el que tanta importancia se da a los proyectos arquitectónicos deslumbrantes,

IZQUIERDA **El comedor se encuentra en la planta baja y da a un patio cerrado, en lo que constituye uno de los escasos jardines privados de la ciudad de Nueva York. El suelo de piedra caliza abarca todo el interior de la vivienda.**
IZQUIERDA, DETALLE **En el revestimiento acristalado del anexo posterior se reflejan las siluetas de los bloques de pisos colindantes.**
SUPERIOR E IZQUIERDA **Ajenos a las restricciones que regulan el diseño de las fachadas delanteras, los arquitectos han adoptado un lenguaje contemporáneo mucho más expresivo en el revestimiento de acero y cristal del anexo posterior, que abre el edificio a la luz y a las vistas. La acusada geometría del cristal y la estructura de acero introducen un refrescante y moderno contrapunto frente a las grises siluetas de los bloques de pisos de ladrillo colindantes.**

No sin imaginación se han habilitado diversos espacios amplios y rebosantes de luz natural en los inflexibles límites impuestos por el largo y estrecho plano preexistente.

se dé más protagonismo a las casas de campo independientes que a las casas entre medianeras dispuestas una al lado de la otra en la calle de cualquier ciudad.

A pesar de que las casas entre medianeras llevan implícitas ciertas trabas a la libertad arquitectónica, ofrecen sin embargo un enorme potencial creativo, lo que explicaría por qué algunas de las mejores casas construidas en los tres últimos siglos son precisamente casas entre medianeras. Tal es el caso de la laberíntica residencia londinense del gran arquitecto inglés John Soane, edificada a principios del siglo XIX, o de la célebre Maison de Verre de Pierre Chareau, completada en 1931, en la que su autor supo aprovechar al máximo las reducidas dimensiones del patio interior parisino en el que se levanta, al tiempo que se anticipaba al empleo del pavés al levantar una fachada translúcida que permitía el paso de la luz sin por ello comprometer el interior (*véanse* págs. 12-13).

La rehabilitación que Ogawa/Depardon han llevado a cabo en esta casa entre medianeras de Nueva York encarna la exitosa reconversión de un viejo edificio sin encanto en un manantial de luz. El proyecto, encargo de unos clientes que se trasladaban a la gran ciudad procedentes del campo, implicó la completa reconstrucción de un edificio decimonónico del Upper East Side neoyorquino.

El propósito de los clientes era recrear, en medio de la ciudad, el mismo tipo de espacios interiores amplios, fluidos y rebosantes de luz a los que estaban acostumbrados cuando vivían en la periferia. El hecho de trasladarse a una típica casa entre medianeras con ventanas tan sólo en las fachadas norte y sur suponía un cambio radical con respecto a su anterior vivienda, y lo que ellos deseaban era una casa de amplios espacios diseñados a medida y con abundante luz natural. La normativa mu-

nicipal impedía llevar a cabo cualquier tipo de altera-
ción drástica en la fachada que daba a la calle, así que
desde fuera tan sólo se ve una modesta pared de piedra caliza adornada con la austera geometría de varias
ventanas rectangulares. Ahora bien, tras esa humilde
cara pública, la casa esconde un amplio espacio interior rebosante de luz natural. La organización del espacio responde a la distribución de una casa entre
medianeras convencional, con la cocina en la planta
baja, el comedor y el salón en el piso inmediatamente
superior y, por último, los dormitorios en las dos últimas plantas. En la más alta, justo en el lado que da a la
calle, hay un lavabo de generosas dimensiones que se
extiende por todo lo ancho de la planta.

Aunque la distribución del espacio es convencional, el tratamiento de la luz natural se ha abordado con
un enfoque claramente moderno. En el corazón mismo
del plano alargado de la casa, lejos por tanto de cualquier fuente preexistente de luz natural, hay un tragaluz
bajo el cual se alza la escalera. Cerrado por medio de
grandes paneles de cristal transparente y translúcido, el tragaluz inunda los diferentes espacios interiores
con generosa luz natural. Tanto el carácter como la in-

tensidad de la luz varían según el tipo de cristal empleado. Los armarios giratorios, el resto de los armarios y los demás espacios para guardar cosas se encuentran todos ellos dispuestos en vertical en la pared del edificio que da al oeste para de ese modo realzar la amplitud y lo fluido del plano.

La luz natural entra también a través del anexo trasero, donde un habitáculo de acero y cristal, alto y de nueva construcción, comunica con un jardín de austera estética minimalista y cercado por un muro. Los salientes laterales de las dos plantas superiores también se hallan recubiertos parcialmente con pavés, lo que favorece la entrada de luz natural en los dormitorios sin por ello comprometer la intimidad en los mismos. Por la noche, la inmensa pared de cristal deja pasar parte de la luz, convirtiéndose de ese modo en una especie de llamativo faro urbano.

La fachada exterior que daba a la calle se despejó de cualquier tipo de adorno discordante para mantener cierta continuidad entre el interior y el anexo. La base de dicha fachada se recubrió con piedra caliza procedente de Francia, que también se empleó en el jardín posterior y en el suelo de toda la casa. El tragaluz que cubre el hueco de la escalera hace además las veces de suelo de cristal para un patio exterior que conduce a una terraza ajardinada. Dicho patio comunica asimismo el dormitorio principal con el baño situado en la planta superior.

La parte posterior de la casa, dominada por la luminosa extensión de cristal y acero, difiere notablemente del resto de las edificaciones contiguas. En este reducto de carácter privado, ajeno a las limitaciones impuestas por las normativas locales, se establece un acusado contraste entre las fachadas de ladrillo de los edificios colindantes y el entramado de cristal transparente y acero gris oscuro, que no hace sino subrayar el vigor arquitectónico del edificio dominado por el contraste entre espacio abierto y espacio cerrado, la luminosidad del cristal y la opacidad de los muros contiguos y la contundencia del ladrillo y la ligereza de la

A pesar de las limitaciones impuestas por su forma y ubicación (o tal vez debido a ellas), la casa entre medianeras se ha convertido en uno de los escenarios predilectos de muchos arquitectos innovadores.

PÁGINA ANTERIOR **En los rígidos límites impuestos por el plano, los arquitectos han habilitado una serie de espacios abiertos, fluidos y luminosos.**

IZQUIERDA Y SUPERIOR **El hueco de la escalera rebosa de luz natural gracias al tragaluz situado en lo alto.**

EXTREMO SUPERIOR **La escalera, delimitada por paneles de cristal transparente, es visible desde múltiples rincones de la casa.**

El dormitorio principal ocupa la planta superior de la extensión de acero y cristal levantada en la parte posterior de la vivienda. La distribución del espacio debe mucho a la disposición tradicional de las casas entre medianeras de Nueva York, con la cocina en la planta baja, los espacios de vida social en la planta inmediatamente superior y los dormitorios en las dos plantas superiores. Aunque el diseño del plano es convencional, el tratamiento del espacio y la luz hace gala de una sensibilidad claramente moderna. El cristal del dormitorio difumina la luz, al tiempo que preserva la intimidad. Los paneles de cristal, tanto transparente como translúcido, constituyen una especie de revestimiento que alterna los espacios diáfanos con los transparentes en uno de los extremos de la habitación. El pavés de las paredes laterales sirve para dar amplitud, así como permitir el paso de la luz sin por ello comprometer la intimidad del interior en un entorno urbano tan densamente poblado.

estructura de acero. Igualmente, la yuxtaposición de los elementos arquitectónicos de nueva introducción y los ya existentes da lugar a una dinámica reciprocidad. No en vano es a través de esa armónica y acertada conjunción de elementos dispares entre sí como Ogawa/Depardon logran una asombrosa unidad arquitectónica y urbana.

Gracias a la vigorosa yuxtaposición de elementos nuevos con los ya existentes, la casa se ha convertido en una asombrosa síntesis entre espacio y luz.

SUPERIOR Y PÁGINA ANTERIOR **El enorme baño situado en el lado que da a la calle de la planta superior se comunica directamente con el dormitorio principal de la parte posterior de la casa.** DERECHA **Las ventanas de cristal translúcido se combinan con círculos de cristal transparente para así permitir el disfrute de las vistas, al tiempo que preserva cierto grado de intimidad. Tanto los materiales como el mobiliario de toda la casa se han elegido cuidadosamente de modo que no desentonen con el espíritu innovador de las formas arquitectónicas, lo que proporciona un resultado de una gran elegancia.**

Un estudio en París

ARQUITECTO: **DAMIEN ROLAND**

Históricamente, París es una ciudad de pisos. La forma más extendida de vivienda es el tradicional bloque de pisos sin ascensor dispuesto alrededor de un patio central, un modelo que en cierto modo ha condicionado la imagen de la ciudad. Las casas independientes no abundan, si bien de vez en cuando surge la posibilidad de crear un tipo diferente de vivienda, ya sea diseñando un edificio de nueva construcción o bien, y esto es lo más habitual, adaptando o rehabilitando un espacio ya existente. En este caso, Damien Roland ha rehabilitado un almacén abandonado del siglo XIX para convertirlo en un espacio ideal para vivir y trabajar en él, mostrando de ese modo cómo para dotar de nueva vida a un edificio en desuso bastan un poco de instinto e imaginación.

El espacio rehabilitado por Roland se halla en pleno corazón de París. Rodeado de un tradicional bloque de pisos, el almacén se alza sobre un patio adoquinado repleto de árboles. El emplazamiento tiene tras de sí una larga historia, pues el bloque de pisos se construyó a finales del siglo XIX con bloques de piedra procedentes de la prisión de la Bastilla, desmantelada por el populacho durante la Revolución francesa. Simple y funcional, el almacén fue en sus orígenes una estructura de planta única con un tejado inclinado. Cuando su antiguo dueño puso a la venta el edificio entero, Damien Roland vio ante sí la oportunidad de remodelarlo a su gusto.

Tras una ingeniosa redistribución del compacto plano original, Roland transformó el edificio en una casa y estudio de tres plantas. El cristal desempeña un papel fundamental en el diseño general de la casa al abrirla a la luz del exterior. El principal inconveniente que presentaba el recinto original era la ausencia de espacio, por lo que dada la imposibilidad legal de prolongar el edificio hacia arriba, Roland se vio obligado a

Un modesto edificio en pleno centro de París se convierte en un luminoso espacio gracias al ingenioso empleo del cristal.

trabajar dentro de los límites impuestos por el espacio disponible. Ahora bien, consiguió ganar espacio adicional prolongando dichos límites hacia abajo, excavando una planta subterránea. Asimismo añadió un entresuelo, de manera que el edificio de planta única original pasó a ser una casa de tres plantas unidas entre sí por medio de una escalera en espiral que, convenientemente ubicada, roba el menor espacio posible.

Al embarcarse en este proyecto, Roland pensó en un primer momento en rehabilitar el edificio para sí mismo, de ahí que la redistribución del espacio refleje las necesidades de un arquitecto e integre bajo un mismo techo estudio y vivienda. En ese sentido, la planta subterránea se concibió como estudio, reservando la planta baja para hacer vida durante el día y el entresuelo para los dormitorios. Finalmente, la casa pasó a manos de un diseñador de moda, si bien el es-

PÁGINA ANTERIOR **El arquitecto de esta casa rehabilitada, construida en el siglo XIX como almacén, ha recurrido a todo su ingenio para aprovechar el compacto plano original y ha abierto nuevos huecos en las paredes y en el techo para llevar la luz al interior. La casa se alza sobre un patio con árboles, de ahí que a pesar de su emplazamiento urbano exista cierto contacto con la naturaleza.**
DERECHA Y SUPERIOR DERECHA **La vista que se obtiene desde el entresuelo permite ver detalles del suelo de cristal del piso inferior.** SUPERIOR **Esta silla de plástico transparente forma parte de una peculiar selección de muebles y objetos varios.**

pacio resulta igualmente adecuado. Así, el sótano es ahora un taller de confección, la planta baja alberga el comedor y el estudio, y los dormitorios quedan en la planta superior.

Para llevar la luz a lo que hasta entonces era un recinto totalmente cerrado, Roland no ha dudado en utilizar el cristal de forma más que generosa. Así, en las paredes y en el techo se han creado nuevas aberturas acristaladas de manera que la luz fluya libremente a través de las dos plantas habilitadas como vivienda. Sobre las puertas correderas de madera y cristal de la entrada se ha abierto una ventana de forma circular que, en un momento dado, se puede abrir para permitir el paso de los muebles de gran tamaño al interior. Para esos casos se ha habilitado también un pequeño panel corredero en la cara interior del techo. Y es que Roland pensó que

extraño en ocasiones, aunque las ventajas que comporta llevar la luz natural a lo que de otro modo hubiera sido un espacio sombrío compensa el desconcierto inicial.

La idea de emplear cristal en el suelo puede resultar algo incongruente debido a la fragilidad y textura de dicho material, cuando lo cierto es que no hay nada mejor a la hora de llevar la luz natural a un recinto subterráneo o sin ventanas. Concebidos en un principio para iluminar oficinas y almacenes, los suelos de pavés son hoy en día un elemento de lo más habitual en cualquier ciudad. Además, los adelantos tecnológicos en la producción de cristal han permitido la fabricación de cristales laminados, resultado de fundir juntas varias capas de cristal sucesivas, unos cristales dotados de una gran resistencia, e ideales por lo tanto para suelos y escaleras.

El recinto original se ha remodelado de modo que pueda albergar tres plantas. El cristal permite crear nexos visuales y espaciales entre ellas.

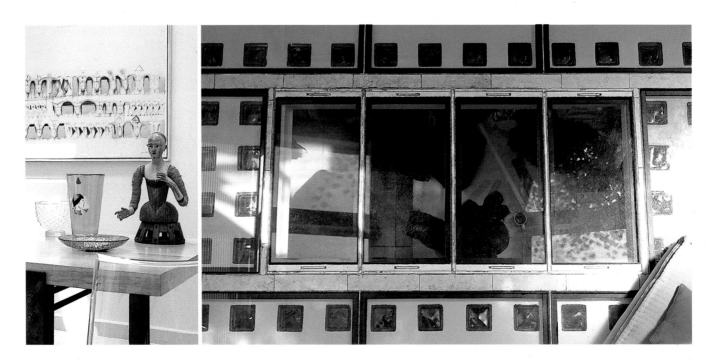

el edificio podría albergar algún día el taller de un escultor o pintor, lo que obligaba a disponer de una vía de acceso para obras de grandes dimensiones.

Las paredes del entrepiso superior son también de cristal, lo que permite disfrutar de vistas sobre la planta inferior, al tiempo que facilita el paso de la luz. Pero tal vez el empleo más sorprendente del cristal en todo el proyecto es el que tiene lugar en el suelo de la planta baja, una parte del cual está recubierto con dicho material de manera que el taller situado debajo reciba algo de luz natural. De hecho, la parte central del suelo se compone de varios paneles de cristal transparente enmarcados por una serie de bloques de pavés translúcidos que, si bien permiten el paso de la luz, mantienen también cierto grado de intimidad. El efecto puede resultar algo

A pesar de las estrecheces que impone el emplazamiento urbano, la casa remodelada disfruta de cierto contacto con la naturaleza, en concreto a través de los numerosos árboles que hay en el patio adoquinado y que dibujan un delicado fondo verde sobre la vivienda. A dichos árboles, ya existentes, se ha añadido un bosquecillo de cañas de bambú justo delante de una enorme ventana de la planta baja que da al patio. De noche la casa se convierte en una especie de farol que ilumina el patio entero con una agradable luz difusa. Con esta ingeniosa rehabilitación, protagonizada por el imaginativo empleo del espacio y los materiales y en especial del cristal, Damien Roland ha sido capaz de dotar de vida un recóndito patio urbano de París.

Un grupo de cañas de bambú enmarca el enorme ventanal de la planta baja, habilitada también como estudio. Las esbeltas cañas recubiertas de finas hojas proyectan su sombra sobre las paredes contiguas, en su mayoría de color blanco, subrayando de ese modo la sensación de ligereza. Tanto el plano compacto de la casa como la austera estética minimalista imperante evocan la simplicidad elemental de las casas japonesas tradicionales. Encajonada en el interior de un patio urbano, aguarda lista para revelar sus encantos.

Luminosidad y espacio en las afueras

ARQUITECTO: **MACK SCOGIN MERRILL ELAM**

Entre el centro de Atlanta y el distrito de Buckhead discurren las calles repletas de árboles de Brookwood Hills, un barrio residencial urbanizado en los años veinte. Durante los meses de verano, la piscina del barrio cobra no poco protagonismo, si bien no tiene nada que hacer al lado de la casa de los arquitectos Mack Scogin y Merrill Elam, que durante todo el año se convierte en el principal centro de atención de la zona. En la primera planta, rodeada de cristales de tonos blanquecinos, la vivienda cuenta con una estrecha piscina, el chapoteo de la cual se oye desde la misma calle. Los bañistas sin embargo no son visibles y, a diferencia de las piscinas públicas, en ella no es obligatorio llevar bañador.

Scogin y Elam llevan viviendo en el barrio desde 1976, cuando se hicieron con un chalet de tejado inclinado, no tanto por su atractivo arquitectónico, como por lo asequible del precio y lo inmejorable de su ubicación, a medio camino entre el centro de Atlanta y la periferia. Pero Merrill Elam odiaba la casa original hasta tal punto que, nada más instalarse, echó abajo las paredes que mediaban entre las diminutas habitaciones con una almádena. Ahora bien, si desde un principio los arquitectos tuvieron claro que deseaban imponer un nuevo aire arquitectónico a la casa, lo cierto es que ver cumplidos sus sueños les llevó no poco tiempo y dinero, así como algún que otro obstáculo. De hecho, Scogin y Elam vivieron en el chalet durante casi veinte años, durante los cuales llevaron a cabo varias obras de escasa importancia, en concreto un plano interior más abierto y la anexión de dos pequeños pabellones para los invitados en la parte posterior de la casa.

Tuvieron que esperar hasta 1995, cuando la madre naturaleza intervino precipitando un árbol arrancado de cuajo durante un huracán sobre la casa y, más concretamente, sobre la cama del matrimonio. Por suerte éste se encontraba en su apartamento de Cambridge, Massachussets, donde Scogin daba clases por aquel entonces en la Graduate School of Design de Harvard. Ya antes habían caído dos árboles sobre la casa, pero nunca habían causado tantos destrozos como en este caso, en que el edificio quedó completamente destro-

Vista desde la calle, la casa ofrece una imagen enigmática y extraña que contrasta con los chalets más convencionales de las inmediaciones. Las formas geométricas de la fachada vienen determinadas por los marcados planos horizontales de la piscina situada en la primera planta.

El salón se halla ubicado junto
a la fachada sur de la casa que
da a la calle para aprovechar
las vistas y la luz. Las enormes
cristaleras sin marco alguno
recuerdan el escaparate de una
tienda y contrastan con la solidez
y contundencia del hormigón.
Una escalera con los peldaños al
descubierto conduce al dormitorio
y a la piscina situados en la
primera planta.

ESTA FOTOGRAFÍA **El salón, dominado por el blanco de las paredes, es una sucesión de diversos espacios fluidos de planta abierta. Dichos espacios superpuestos no se conciben como una serie de habitaciones independientes, sino como una coreografía del movimiento. Las vigas de acero al descubierto son un guiño visual puesto que no soportan nada.**

Un aire de ambigüedad planea constantemente sobre las expectativas del espectador y sólo encuentra coherencia en la sucesión aparentemente absurda de espacios.

zado al derrumbarse las paredes y la viga maestra del tejado. Para retirar el árbol hicieron falta nada menos que quince hombres. En un primer momento, los arquitectos vivieron entre las ruinas de la casa con la idea de reconstruirla hasta devolverla a su estado original, pero un buen día Merrill Elam tuvo una inspiración y decidió que deseaba una piscina que rodeara la casa. Desde ese momento esta idea se convirtió en la gran obsesión del matrimonio, hasta el punto de condicionar totalmente el diseño de la nueva casa.

Las compactas formas volumétricas de la casa dan a la fachada sur que da a la calle, desde la que se disfruta de vistas sobre el parque y las pistas de tenis del barrio, con unas colinas al fondo. Concebida como escenario para hacer ejercicio y relajarse, la piscina que envuelve la casa condicionó el diseño del conjunto de la vivienda. No fue fácil, sin embargo, dar con la ubicación definitiva: en el patio trasero había ya dos pabellones para los invitados, con lo que el margen de maniobra era nulo y por otro lado estaba prohibido construir una piscina en la parte delantera de la casa. En un principio los arquitectos decidieron ubicarla en la planta superior. La única manera de acomodar una piscina de quince metros de longitud era disponerla a lo ancho, así que se llevó a cabo en la primera planta reforzando el espacio que quedaba en la planta inferior y orientándola hacia el sur para de ese modo ganar en luminosidad. El revestimiento de la piscina, enormemente pesado y macizo, es de hormigón y posee entre 25 y 50 cm de grosor por los lados y otros 25 cm en la base. A la superficie del mismo se le ha dado una textura deliberadamente rugosa, algo que es una constante en toda la casa y descansa sobre unos cimientos de 3 m de profundidad, situados bajo las paredes maestras.

Resguardada de la calle por medio de una cristalera translúcida pero abierta por arriba, la piscina cuestiona la noción de espacio público y privado. Rodeada por un suelo de listones de madera, envuelve el dormitorio principal, que presenta dos niveles: los vestidores y los lavabos abajo y el dormitorio y el baño arriba. Una vez diseñada la piscina se dispusieron otros espacios a su alrededor. La cristalera proporciona una pantalla

SUPERIOR **La escalera deciende como una cascada hasta el piso inferior. La reluciente cristalera transparente hace las veces de barandilla.**
INFERIOR **Unos libros descansan de manera informal junto a una pared.**
INFERIOR, DETALLES **Repartidas por varios puntos de la casa se muestran algunas piezas de la colección de sillas de diseño de Scogin y Elam.**

translúcida alrededor de la piscina que, por la noche, cobra vida con los misteriosos reflejos de los focos.

Los arquitectos supervisaron los detalles en coordinación con los contratistas, trabajando un poco sobre la marcha, algo que lógicamente no podrían haberse permitido en un encargo formal. De hecho, Scogin y Elam simultanearon las obras de construcción de su propia casa con otros cuatro proyectos más. Las casas que diseñan son todas diferentes entre sí dependiendo de los clientes, el emplazamiento, su uso y el presupuesto, pero todas ellas comparten un peculiar sello expresivo que tiene tanto de estética como de cuestionamiento de las expectativas iniciales, lo que proporciona coherencia a un *collage* de espacios y materiales que de otra forma resultaría absurdo. «La casa es el gran experimento de la arquitectura norteamericana», sostiene Scogin, pero lo cierto es que con su vivienda los arquitectos han ido más lejos al mezclar espacios horizontales y verticales en un conjunto tridimensional.

La deliberada ambigüedad y amplitud de las habitaciones se ve realzada por los reflejos de la piscina al aire libre sobre las relucientes cristaleras. De noche, las pequeñas olas que forma el viento en el agua proyectan su sombra sobre la translúcida fachada, que parece cobrar vida. De día los árboles se reflejan en las paredes de hormigón que envuelven la piscina haciendo que ésta parezca casi transparente. «Todos los días me levanto viendo a través del hormigón», afirma Scogin en alusión a los árboles, reales o reflejados, que ve desde su cama.

Algunas de las casas más conseguidas de Scogin y de Elam se encuentran en el campo, donde siempre se disfruta de una mayor libertad a la hora de experimentar. No es el caso de esta casa de Atlanta en la que se han tenido que ceñir a los límites que imponen el emplazamiento urbano y las dimensiones de la parcela. Tanto la estructura como la piscina se perciben desde fuera a través de una amplia franja de hormigón sin pulir que discurre a lo largo de la fachada. Lo macizo del hormigón se ve contrarrestado por lo delicado de la cristalera translúcida que oculta la piscina de las miradas de los curiosos. El hecho de haber ubicado esta última en un lugar tan llamativo tiene mucho de transgresor desde el momento en que la ley en Estados Unidos obliga a situar la piscina en la parte trasera de la casa, más discreta. En este caso, la piscina se dirige al dominio público sin por ello dejar de ser un espacio privado. Los únicos elementos que recuerdan su presencia son el chapoteo del agua y el reflejo de la luz sobre la cristalera translúcida. En el futuro, Elam tiene pensado plantar cañas de bambú en la parte delantera del jardín para ocultar la casa desde la calle.

En el interior, la estructura de la piscina hace las veces de techo para las habitaciones situadas debajo, pero a pesar de su sólida presencia física no llega a resultar pesada, de manera que cuando uno está sen-

EXTREMO IZQUIERDA Y ESTA FOTOGRAFÍA **Los peldaños al descubierto permiten ver la habitación que hay debajo de la escalera.**

EXTREMO IZQUIERDA, DETALLE **Dos sillones de cuero, diseñados por Le Corbusier, se hallan apostados a ambos lados de una puerta.**

SUPERIOR IZQUIERDA **El pesado fregadero de la cocina está suspendido desde el techo por medio de unas gruesas varas. La cocina se halla en la parte trasera de la casa, frente a los pabellones para los invitados.**

INFERIOR IZQUIERDA **Los planos de las paredes difuminan los espacios, y en ellas predomina el color blanco que contrasta con el revestimiento veteado de cemento que recubre el suelo de hormigón.**

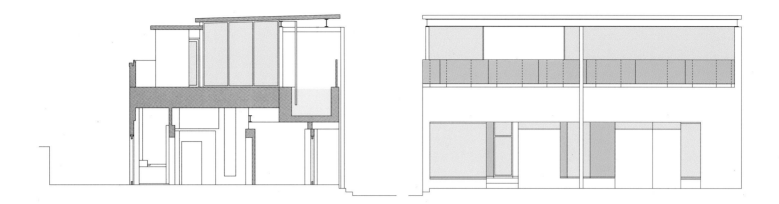

tado en el salón que hay debajo no se siente nunca incómodo. Scogin y Elam gustan de esta paradoja entre ligereza y solidez, una constante en su obra arquitectónica. En ese sentido suelen referirse a las grandes bóvedas de la arquitectura clásica europea, como la del Panteón de Roma, que a pesar de su enorme peso hace gala de una gran ligereza. Como ella, la contundente masa de la piscina parece flotar en el espacio de la casa.

En la primera planta, el pabellón acristalado del dormitorio da directamente a una estrecha franja de hermosa agua azul con la que media tan sólo una superficie casi inexistente de cristal transparente. Domina en toda la casa el contraste entre el cristal y otros materiales mucho más macizos, lo que crea sorprendentes yuxtaposiciones que revelan vistas inesperadas y llevan la luz al interior. Se han utilizado también paneles lisos de cristal transparente y sin enmarcar para dar forma a las barandillas de las escaleras y los descansillos y se han trabajado con gran precisión de manera que aparezcan sin fisuras y como flotando, lo que subraya la sensación de ligereza y liviandad. Las paredes son en su mayoría de color blanco, y combinan con el revestimiento veteado de cemento con que se ha recubierto el suelo de hormigón. Asimismo, la suave textura del suelo y las paredes contrasta con la superficie sin pulir del hormigón de la piscina. Por todo el espacio interior hay vigas de acero al descubierto que realzan la intensidad de la estructura, aunque en realidad son puramente decorativas, una especie de guiño arquitectónico. Entre el mobiliario destaca la colección

SUPERIOR IZQUIERDA **Esta sección muestra cómo se halla dispuesta la piscina en la primera planta. El hecho de elevar la piscina fue una solución nada convencional, pero la ausencia de espacio no permitía otra alternativa. El revestimiento de la misma, de grosor irregular, es de hormigón y descansa sobre unos profundos cimientos dispuestos bajo las paredes maestras. El suelo de la piscina es el techo del salón, pero a pesar de su solidez resulta ligero a la vista.**
SUPERIOR DERECHA **Los acusados planos horizontales de la piscina dominan la composición geométrica de la fachada.**

ésta con un suelo de listones de madera, sin duda un lujoso refugio para sibaritas. Pero lo cierto es que tanto Scogin como Elam son unos verdaderos adictos al trabajo («No paran de diseñar en todo el día», según su compañero de estudio Lloyd Bray), así que uno se pregunta si es que son inmunes a las placenteras distracciones que les ofrece la casa: «Bueno, tal vez se den un rápido baño al levantarse, antes de consagrarse a la arquitectura durante el resto del día».

El hecho de vivir en Atlanta ha proporcionado a Scogin y Elam cierta frescura y originalidad en su manera de proceder. Atlanta, con su área periférica dispuesta en interminables calles flanqueadas de árboles, como en tantas ciudades norteamericanas, está en permanente transformación y, en cierto modo, todavía busca su propia personalidad. De esta indefinición precisamente se nutre la obra de Scogin y Elam, quienes libres de las esclavitudes de la tradición, el contexto y las políticas arquitectónicas de los estados de las costas este y oeste han sido capaces de desarrollar un punto de vista y un enfoque únicos. La relativa juventud de Atlanta condiciona la percepción que la ciudad tiene de la arquitectura como hecho experimental y en continua evolución y no tanto como una herencia histórica intocable y llena de restricciones.

Mack Scogin Merrill Elam parte de su propia sensibilidad hasta el punto de que se pueden permitir llevar sus obras más allá de los límites estipulados en la arquitectura convencional, captando y explorando cada una de sus múltiples posibilidades. Un crítico ha definido su obra como «una especie de locura integrado-

El cristal, transparente o translúcido, contrasta con otros materiales más macizos, creando sorprendentes yuxtaposiciones por toda la casa.

que los dueños tienen de sillas de diseño, dispuestas por toda la casa como si se tratara de esculturas.

El plano es una sucesión fluida de espacios contenidos dentro de una estructura rectangular. El salón se halla situado en la cara sur que da a la calle para así aprovechar el sol, mientras que la cocina y el lavadero se encuentran en la parte de atrás, justo delante de los dos pabellones anexos para los invitados que hay en el jardín. Una biblioteca con forma de puente, situada en la primera planta, comunica la casa principal con dichos pabellones. La primera planta está consagrada por entero al dormitorio, la piscina y la zona contigua a

ra» que no necesariamente parte de lo propio y lo inevitable, sino que surge de un punto de partida por lo general más transgresor y poco condescendiente. No es que pretendan cambiar las convenciones arquitectónicas o ignorar el hecho de que los arquitectos deban crear edificios con una finalidad y un sentido, sino que en el fondo construyen su obra a partir de la idea de irregularidad. Proyectos como su propia casa son el resultado, extraordinario por otra parte, de mezclar lo que para ellos puede realizar un arquitecto y lo que, más allá de toda convención, puede llegarse a hacer realidad.

ESTA FOTOGRAFÍA **Un trozo de madera da forma a un original estante que va desde el borde de la piscina a la cómoda del dormitorio, que contiene el televisor.**

SUPERIOR DERECHA **Las junturas entre los diferentes paneles de cristal se han trabajado con maravillosa precisión.**

CENTRO DERECHA **Visto desde abajo parece como si el estante de madera flotara.**

INFERIOR DERECHA **Uno de los sellos más característicos de la casa es la geometría interior, de espacios sólidos y vacíos.**

ESTA FOTOGRAFÍA Y SUPERIOR
IZQUIERDA **El dormitorio es un
pabellón acristalado rodeado
de una franja de agua. La piscina
queda sugèrida desde el exterior,
pero delimita un espacio privado
cerrado con cristales translúcidos.
El agua se refleja en el techo en
voladizo que protege y resguarda
la piscina.**
CENTRO IZQUIERDA **El dormitorio
y la piscina se funden en un mismo
espacio fluido.**
INFERIOR IZQUIERDA **La piscina
nunca llega a ser visible desde
la calle.**

La idea del cristal como un material hermoso en sí mismo está presente en la obra de numerosos arquitectos e interioristas contemporáneos. La industria del cristal no ha dejado de perfeccionarse en los últimos años y hoy permite conseguir una extraordinaria variedad de efectos en el interior de las viviendas. Un empleo imaginativo de los diferentes tipos de cristal existentes permite crear contrastes más o menos intensos entre luz y sombra, opacidad y transparencia. El cristal se puede utilizar en suelos, paredes, techos, mamparas e incluso escaleras, dando lugar a deslumbrantes cascadas de luz y volúmenes casi etéreos. Los suelos de cristal han pasado de ser robustos tragaluces a convertirse en discretos paneles que llevan la luz a los pisos inferiores y permiten abrir de múltiples formas tanto las casas nuevas como las que no lo son. Las cristaleras, a su vez, sirven para delimitar y cerrar un espacio creando intimidad allí donde es necesario. Este último capítulo pretende rendir homenaje a la enorme variedad de posibilidades que permite el cristal, y hace especial hincapié en el modo en que incluso el elemento de cristal más humilde es capaz de dotar de vida cualquier interior. Desde los atrevidos baños translúcidos de Simon Conder a las escaleras flotantes y transparentes de Rick Mather este material, uno de los más versátiles, presenta un atractivo visual y sensual de infinitas aplicaciones.

El cristal proporciona a los espacios domésticos un aire escultórico, al tiempo que introduce un toque de elegancia y ligereza en las habitaciones. En este compacto baño, el lavamanos de cristal descansa sobre un módulo también de cristal; la bañera es un sencillo recipiente de forma rectangular que pasa casi desapercibido.

Suelos y paredes

La idea del cristal como un material hermoso en sí mismo fue uno de los dogmas del movimiento moderno de principios del siglo XX y ha encontrado eco en la obra de numerosos arquitectos e interioristas de hoy en día. Las mejoras realizadas en la fabricación del cristal, que cada vez es más sofisticado, permiten crear una enorme gama de efectos. Así, basta un imaginativo empleo del cristal en paredes, mamparas e incluso suelos para crear interesantes contrastes entre luz y sombra, así como entre transparencia y opacidad. El cristal transparente se suele asociar con el movimiento moderno, mientras que el translúcido experimenta un gran auge en la actualidad de la mano de numerosos arquitectos deseosos de reinterpretar la tradición japonesa de filtrar la luz a través de los *shoji* o pantallas de papel de arroz.

Esta rehabilitación de una casa pareada tradicional ubicada al sur de Londres no es más que una explotación sutil e ingeniosa de las diferentes propiedades del cristal. Con unas dimensiones propias de una casa de muñecas y una modesta fachada exterior, esta casa de la época georgiana forma parte de un conjunto de viviendas construidas en 1826 para unos obreros. Cuando la compraron sus actuales propietarios estaba sin modernizar, las habitaciones eran pequeñas y oscuras, no tenía cocina y, salvo un pequeño lavabo exterior, carecía de cuarto de baño.

Azman Owens propuso a sus dueños añadir un anexo acristalado de dos pisos junto al baño, encima de la cocina, de manera que entrara más luz natural en el interior de la casa. Este añadido de acero y cristal de poco peso sustituye, de hecho, el antiguo alpende de una planta que había en la parte trasera. En todo momento domina un espíritu de sencillez y austeridad. De este modo, un ingenioso empleo de los materiales y un respetuoso enfoque adecuado a las dimensiones existentes han permitido ganar un anexo que combina a la perfección con el edificio original.

Para que la luz entrara a raudales, Azman Owens introdujo cristaleras y abrió el interior para encuadrar vistas a través de las diferentes habitaciones y el jardín contiguo. Para preservar la intimidad se ha disimulado el baño, situado en la planta superior del anexo, con una cuadrícula de acero en el exterior. Según el arquitecto Ferhan Azman, esta disposición tiene su precedente en las contraventanas con bisagras de su Estambul natal, donde las calles son tan estrechas que las casas se construyen en voladizo para ganar en luminosidad; para preservar la intimidad del interior se colocan celosías de madera por la parte de afuera. En este caso, el enrejado metálico vendría a ser como unas cortinas modernas de diseño.

IZQUIERDA **Esta casa londinense de la época georgiana, rehabilitada por Azman Owens, se ha abierto al exterior mediante este anexo acristalado en la parte trasera. El enrejado de acero, versión moderna de la celosía tradicional turca, proporciona una gran intimidad.**

ESTA PÁGINA **La cocina tiene unas cristaleras transparentes hasta el techo. Los módulos no son compactos para permitir el paso de la luz que entra por las cristaleras y que ilumina las numerosas obras de arte contemporáneo que alberga la casa.**

El enrejado, fabricado con acero preoxidado y tratado con una capa de poliéster transparente, enriquece la textura de la casa sin por ello desentonar con el ladrillo del edificio original. La limitada gama de materiales empleada contribuye a unificar el interior y el exterior. El enrejado de acero, que gracias a su deslustrado acabado constituye una alternativa más sensual que el acero inoxidable, se ha utilizado también en diversas superficies del interior de la casa, como los módulos de la cocina, recubiertos con acero tratado con una capa de barniz transparente.

La casa alberga numerosos testimonios de la particular personalidad de sus dueños, así como de su pa

quedan difuminados: ciertos tablones del suelo se han reemplazado con cristal para que la luz llegue al piso inferior, donde hay un depósito precintado de agua, creación de Ben Currow, que al moverse proyecta sutiles sombras sobre las paredes.

Una de las formas más habituales de llevar la luz natural al interior compartimentado y compacto de las casas antiguas consiste en añadir una especie de invernáculo acristalado. En ese sentido, cabe destacar a título ilustrativo el rediseño llevado a cabo por Mark Guard de una casa de la época vitoriana situada al oeste de Londres. Gracias a una serie de rehabilitaciones realizadas en diversas casas, en su mayoría de

Los adelantos experimentados en la industria del cristal permiten conseguir una sorprendente variedad de efectos.

sión por el arte contemporáneo. Junto al baño, equipado con una bañera y un lavabo de cristal, hay un vestidor que contiene en su interior una extraordinaria colección de sombreros y zapatos. Cada una de las piezas de arte se encuentra dentro de un recipiente de cristal de exquisito diseño y hacen que la habitación parezca un peculiarísimo museo. El dormitorio también cuenta con una abertura alargada, cerrada con cristal que permite contemplar el jardín. Abundan en toda la casa multitud de objetos pertenecientes a la colección de arte contemporáneo que posee el matrimonio y que deleita cada paso con su presencia. Y es que llega un momento en que los límites entre arte y arquitectura

Londres, este arquitecto ha adquirido especial reputación por su habilidad para dotar de un penetrante sentido material a espacios neutros y tranquilos. En esta casa, la pared posterior se ha abierto para dar paso a un alto invernáculo que reemplaza una antigua habitación funcional. Esta anexión adopta la forma de un alpende tradicional, si bien posee unas cristaleras que destacan por lo esmerado de sus junturas. El tejado también de cristal descansa sobre unas vigas de cristal laminado de acuerdo con el claro propósito de Guard de lograr el máximo refinamiento arquitectónico valiéndose de los últimos adelantos realizados en la industria del cristal.

ESTA FOTOGRAFÍA **Esta cristalera de la Harry House, diseñada por William Hefner, recuerda las pantallas japonesas de papel de arroz, que aúna a la perfección intimidad y una exquisita luminosidad. La luz penetra a través de los cristales tratados con chorro de arena e inunda la habitación de una deliciosa luminosidad.**

DETALLE **El bar de la Harry House combina espejos con cristales translúcidos iluminados desde atrás con el fin de animar la superficie y crear de ese modo un original juego de luces.**

SUPERIOR Y DERECHA **El salón de la Harry House** está cerrado con unas cristaleras transparentes que difuminan los límites entre el interior y el exterior. De hecho, durante los meses más cálidos la terraza se convierte en una prolongación de dicho salón. En los últimos veinte años, el arte y la ciencia de la transparencia ha llevado a los arquitectos a experimentar con nuevos materiales de anclaje y revestimiento con el mismo celo con el que lo hicieran sus predecesores en los años veinte y treinta. Y es que la arquitectura doméstica es un escenario ideal para la experimentación.

Las cristaleras transparentes, diáfanas membranas entre el interior y el exterior, permiten abrir los espacios interiores.

Tal como los arquitectos y los interioristas descubrieron tiempo atrás, el empleo de cristaleras y mamparas de cristal permite conciliar con elegancia los requisitos visuales y funcionales de los espacios interiores. La Harry House de William Hefner, al oeste de Hollywood, rebosa de una brillantez pausada y elemental gracias a la presencia de cristaleras translúcidas. Su poético empleo de la luz se ve realzado por el sensual tratamiento del espacio interior, en el que las superficies reflectantes de lujosos materiales, refuerzan la presencia de la luz.

Bien diferente es la conversión en loft de un antiguo almacén del siglo XIX situado en el East End londinense llevada a cabo por Simon Conder y para la cual se redujo el espacio interior a su mínima expresión. La austeridad de que hace gala Conder, partidario de espacios libres y sin obstáculos, así como del empleo de pocos materiales cuidadosamente elegidos es una constante en sus últimas obras. En ésta, concretamente, ha habilitado la forma en «L» del edificio original

SUPERIOR Y DERECHA **Simon Conder se ha valido del cristal en sus múltiples versiones a la hora de habilitar este antiguo almacén decimonónico del East End londinense como un espacioso loft. Allí donde el edificio original era más alto se ha habilitado un dormitorio en el nivel superior, dentro de una especie de invernáculo rodeado de terraza. Una escalera comunica dicho dormitorio con el salón.**
EXTREMO SUPERIOR **El salón muestra hasta qué punto el estilo arquitectónico de Conder respeta el espíritu del edificio original reduciendo para ello su interior a la mínima expresión.**

como un único volumen donde se encuentran el salón, la cocina y el comedor, abriéndolo a poniente por medio de unas puertas correderas de cristal que dan a una terraza. En la planta superior se ha acondicionado una especie de invernáculo de cristal a modo de dormitorio rodeado de una segunda terraza, ésta más grande, como si se tratase de una atalaya flotante sobre la «línea del cielo» de Londres. Un puente de acrílico y cristal tratado con chorro de arena comunica el dormitorio con un sencillo tramo de escalera de madera de roble que conduce al salón situado abajo. De noche, la luz se filtra a través de dicho puente y crea un suave resplandor de lo más sensual. Los baños se han reemplazado por un par de cilindros de cristal translúcido que, durante la noche, se convierten también en una fuente alternativa de iluminación.

La idea de emplear cristal en el suelo puede resultar algo incongruente debido a la fragilidad y la textura de dicho material, cuando lo cierto es que no hay nada mejor a la hora de llevar la luz natural a un recinto subterráneo o sin ventanas. Concebidos en un principio para iluminar oficinas y almacenes, los suelos de pavés son hoy en día un elemento bastante habitual en cualquier ciudad. En la casa rehabilitada por Azman Owens se insertaron en el suelo de madera franjas de cristal transparente, de manera que la luz pudiera penetrar en el interior. Por otro lado, en la casa diseñada por Rick Mather al norte de Londres el paso de la luz se realiza no sólo a través de enormes cristaleras y tra-

Los suelos de cristal permiten el paso de la luz hacia los interiores situados en un nivel inferior, al tiempo que ofrecen hermosas vistas de éstos.

IZQUIERDA **El empleo que Rick Mather hace del cristal en esta casa de Londres crea un efecto de hermosa transparencia. Las partes acristaladas del suelo permiten contemplar la piscina situada en el piso inferior. La luz se refleja en el agua y el cristal dando lugar a un vaporoso juego de reflejos.**
SUPERIOR, EXTREMO IZQUIERDA **Las rendijas acristaladas entre los tablones del suelo de la casa dejan pasar la luz hacia los pisos inferiores al mismo tiempo que permiten contemplar estos últimos.**
INFERIOR, EXTREMO IZQUIERDA Y CENTRO **Azman Owens también utilizó el cristal a la hora de rehabilitar esta casa londinense de la época georgiana. Los paneles reforzados de cristal colocados en el parquet permiten el paso de la luz hacia el sótano, mientras que los focos del suelo, convenientemente protegidos con cristal, proyectan una agradable luz.**

galuces, sino también de paneles reforzados instalados en el suelo.

La obra de Rick Mather se caracteriza por la presencia de espacios fluidos e intercomunicados a los que la luz dota de vida y energía. En este caso, la luz fluye a partir de un enorme tragaluz de cristal que inunda el interior de resplandeciente luminosidad. Por otro lado, el cristal realza los vínculos con el exterior, de manera que los inquilinos son testigos directos de los cambios que experimentan el clima y la luz. Las partes acristaladas del suelo filtran la luz hacia la piscina que hay en el sótano y permiten atisbar partes de la misma. Como resultado, parece como si no hubiera suelo bajo los pies y uno estuviera caminando en el aire. La luz se refleja en la superficie del agua y proyecta ondulados reflejos por todo el interior del sótano.

Ninguno de estos efectos hubiera sido posible de no haberse utilizado el cristal para abrir los espacios y permitir el paso de la luz. Y es que, en manos de un buen interiorista, el cristal permite en cualquiera de sus variedades proporcionar una mayor intensidad arquitectónica a nuestras vidas.

Escaleras

En esta casa londinense rehabilitada por el arquitecto Alan Power, el protagonismo se lo lleva la escalera de cristal. El luminoso tramo de esta última penetra al interior de la casa permitiendo el paso de la luz hacia los niveles inferiores de la misma. Ésta de hecho se halla organizada en torno a espacios de planta abierta en lugar de habitaciones independientes.
SUPERIOR Cada uno de los peldaños tiene una superficie rugosa para evitar los resbalones.

A lo largo de la historia de la arquitectura, las escaleras han desempeñado un papel crucial a la hora de establecer relaciones espaciales y formales y de hecho los arquitectos las siguen considerando como la expresión máxima de ingenio. Tal vez pueda parecer algo perverso utilizar cristal en el diseño de una escalera, pues no en vano se le considera como un material frágil y delicado poco adecuado para las rigurosas exigencias funcionales y estructurales que plantea este elemento arquitectónico. Pero lo cierto es que los avances tecnológicos, sobre todo en lo que atañe al cristal laminado, resultado de la fusión o encolado de varias capas de cristal hasta crear un material compuesto, le han dotado de una resistencia y durabilidad desconocidas. Combinado con el acero, el cristal permite la creación de tramos de escalera realmente sorprendentes. Son muchos los arquitectos que han explorado el potencial del cristal en las escaleras, seducidos sin duda por su transparencia y su capacidad para transmitir la luz.

La arquitecta e interiorista de origen checo Eva Jiricna ha diseñado cerca de veinte escaleras repartidas por todo el mundo y su pasión por determinados materiales, en especial el metal y el cristal, no conoce límites. «Utilizarlos es como aprender un idioma: cada vez que se usa de nuevo se aprende una palabra», afirma. Se ha especializado en el diseño de escaleras para tiendas de lujo, como las que ha diseñado para Joseph Ettedgui en Londres o las casi cincuenta creadas para Joan & David en Estados Unidos. Uno de los primeros y más memorables encargos realizados por Jiricna fue para la tienda de Joseph en la londinense Sloane Street, una originalísima escalera de acero y cristal dispuesta a lo largo de tres plantas, con un tramo por cada una de ellas que sustituyó la escalera en espiral existente. En la zona de venta al público se habían diseñado unos peculiares èstantes de cristal para la ropa y demás complementos y la escalera recogía ese mismo aire efímero y de transparencia.

Jiricna ha participado también en la rehabilitación de un gran número de casas. Con motivo del rediseño de un apartamento en el Knightsbridge de Londres y con la intención de unificar el espacio, diseñó una espectacular

escalera en espiral que exploraba un lenguaje muy similar al de sus célebres encargos para las tiendas. La escalera ocupa el menor espacio posible y es transparente, con lo que permite el paso de la luz hacia el resto de la casa. Además, a pesar de su hermosa apariencia reluciente y etérea resulta de una apabullante solidez. Con su forma en espiral, parece como una enorme y reluciente planta trepadora de cristal y acero, y su estructura satisface como la de cualquier planta los requisitos funcionales y estructurales de la manera más económica posible. Por último, la elegante y armónica combinación de los peldaños de cristal con la barandilla en forma de lazo rebosa de un encanto tan hermoso como resplandeciente.

Las escaleras de Jiricna son unas pequeñas (si bien complejas) obras maestras de ingeniería, y de hecho trabaja codo a codo con ingenieros para conseguir ese imposible efecto de transparencia que persigue. «Para mí, cada escalera es una oportunidad para inventar y escaparme», afirma. Es además una prueba más de que las modernas técnicas de diseño pueden competir con la artesanía del siglo XIX.

Otros arquitectos contemporáneos apuestan por una estética no tan propia de ingenieros y que enfatice en su lugar la pureza y el refinamiento del cristal. Tal es el caso de la extraordinaria escalera diseñada por Alan Power para una casa rehabilitada del oeste de Londres,

EXTREMO IZQUIERDA **La escalera de cristal de Power constituye un exquisito ejercicio de elegante minimalismo hecho realidad gracias a la ingeniosa aplicación de las modernas técnicas de construcción. Coronada por un enorme tragaluz, la escalera discurre paralela a la pared medianera y permite el paso de luz natural por las tres plantas. Al eliminar las habitaciones independientes y pequeñas, la casa se ha convertido en un conjunto de espacios amplios, fluidos y luminosos. Unos focos situados en el techo proyectan luz sobre la transparente estructura de cristal.**
SUPERIOR **Ligera y etérea, la escalera se precipita como una cascada en el espacio. Las junturas verticales de los diferentes paneles de cristal están selladas con silicona.**

donde las calles, pobladas de casas de estilo georgiano y pintadas de llamativos colores, transpiran un calculado aire bohemio. Alan Power recibió el encargo de rehabilitar una casa de tres plantas propiedad de un matrimonio sin hijos, que pretendía abrir el espacio interior lo más posible y crear así un refugio tan llamativo como el verde lima de la fachada. Este encargo permitió a Power revisar la distribución de la casa y por tanto remodelarla por completo, tal como efectivamente se hizo. El nivel elevado de la entrada de la planta baja se convirtió en el corazón de la nueva casa y tanto la cocina como el comedor, hasta entonces en esta misma planta, se cambiaron de sitio para crear una secuencia de espacios informales y animados. La primera planta pasó a ocuparla el salón, luminoso y tranquilo, mientras que los dormitorios se trasladaron a la parte inferior de la planta baja.

Una rehabilitación tan drástica como ésta le permitió además reconsiderar la circulación vertical de la casa, tanto en términos de funcionalidad como de intensidad. En ese sentido, fue clave la decisión de Power de sustituir la escalera en ángulo existente por otra recta de cristal laminado y cerrada por unas cristaleras que forman una especie de cuña transparente en medio de la casa. Coronada por un enorme tragaluz, la escalera discurre paralela a la pared medianera y permite el paso de la luz natural a través de las tres plantas. El lado de la escalera que no da a la pared descansa sobre unos paneles de cristal endurecido, de forma que queda abierta al resto de la casa. Era precisa una escalera de este estilo,

SUPERIOR **La rehabilitación de esta casa del oeste de Londres ofrecía la posibilidad de reconsiderar la distribución de la misma. La barandilla de cristal que bordea el hueco de la escalera es muy fina y se ha trabajado con esmerada precisión.**
DERECHA (DETALLE) **Detalle de unas lámparas de cristal soplado.**
IZQUIERDA **La cuña acristalada de la escalera divide el interior de la casa. Era precisa una escalera de este estilo, luminosa y transparente, para unir el tragaluz con el nuevo espacio vertical y moderar así la horizontalidad de la distribución original.**

luminosa y transparente a partes iguales, para unir el tragaluz con el nuevo espacio vertical y moderar así la típica división horizontal de las casas adosadas londinenses.

La nueva escalera de tramo recto, que comunica el comedor y la cocina de la planta baja con el salón de la primera planta, es de cristal y se halla cerrada por unos paneles también de cristal, en lo que constituye una muestra del potencial del cristal laminado, la silicona estructural y una nueva versión transparente de la cinta estructural.

Cada uno de los peldaños de cristal descansa sobre sendas zapatas de acero inoxidable de 48 x 70 mm fijadas por un lado a un tensor de acero disimulado dentro de la pared y, por otro, a la cristalera transparente de tres láminas que cierra la escalera. Dicha cristalera prosigue más allá de la primera planta y forma una barandilla transparente que bordea toda la escalera. Los peldaños están realizados con cristal reforzado de 19 mm de

A pesar de su fragilidad, las escaleras de cristal poseen algo de sensual y cristalino, además de que permiten el paso de la luz.

grosor, sobre una capa de acrílico de otros 15 mm; el borde exterior de la huella posee una superficie rugosa con el objeto de proporcionar seguridad visual y evitar los resbalones. Cuando el sol bajo de invierno da en los bordes del cristal laminado, éstos cobran una tonalidad verde azulada y sobre la pared adyacente se proyectan infinidad de reflejos. El borde posterior del cristal, así como el borde delantero de la capa de acrílico, se han dejado deliberadamente algo más cortos, de forma que quede un rebaje donde encajan los orificios de 12 mm de cristal reforzado. Para fijar las huellas a las

zapatas de acero inoxidable se ha empleado silicona «bubble tape».

La cristalera se compone de dos láminas de cristal reforzado de 10 mm de grosor con una capa de acrílico entre medio de otros 8 mm. Consta de tres hojas de 3,5 m de altura unidas entre sí por medio de un sellador de silicona dispuesto en las junturas verticales. La cristalera, que descansa sobre un canal abierto en la planta baja, está anclada en la primera planta a una viga lateral con pernos romos de acero inoxidable y se eleva 90 cm sobre el nivel del suelo, dando lugar así a una

barandilla. Cada hoja de cristal se compone de una lámina de cristal de 10 mm de grosor sobre una capa de acrílico que la hace resistente frente a la carga lateral de peso. Las zapatas de acero inoxidable se hallan unidas al cristal por medio de unos pernos romos de acero inoxidable, cuya cabeza descansa en unos agujeros practicados en la capa de acrílico. La tercera capa de la hoja de cristal va encolada y el conjunto va anclado a la viga lateral.

La acusada verticalidad de la escalera encuentra su continuación en las franjas de cristal laminado del suelo, situadas al pie de la escalera, en la primera planta, así como en la parte que queda frente a la puerta. El tramo de la escalera que desciende hasta el sótano se halla revestido de piedra caliza y posee una hoja de cristal con forma de diente de sierra. Los sótanos de las casas de estilo georgiano suelen estar pobremente iluminados, pero en este caso el cristal de la escalera inunda el espacio de una luz azulada procedente del tragaluz situado en lo alto. De ese modo, y a diferencia de las escaleras convencionales que habrían obstaculizado las vistas y el paso de la luz, esta elegante escalera de cristal inunda el interior de la casa de luminosidad y transparencia.

Eso es precisamente lo que pretendía Rick Mather al diseñar la escalera de una casa al norte de Londres, donde no sólo comunica las tres plantas de la vivienda, sino que además hace las veces de fuente de luz, al llevar ésta hasta el sótano, donde se refleja en el agua de la piscina que hay en él. La transmisión de luz se ve reforzada por el empleo de cristal transparente en las huellas y de finas capas de acero en los tensores que soportan los orificios. El cristal resta presencia física a la escalera, de forma que parece como si ésta, mera etérea presencia cristalina, no estuviera ahí. Las barandillas, tanto de la escalera en sí como de la planta superior, se han reducido también al mínimo y se componen de finas hojas de cristal transparente sobre unas zapatas de acero; el pasamanos, siempre en esa línea de exquisito refinamiento de formas, es simplemente el borde de dichas hojas. William Hefner también se vale del cristal para diseñar la barandilla de la escalera de su Harry House, en las colinas de Hollywood, si bien en este caso el resultado es algo más vistoso, en la línea de los diseños de Frank Lloyd Wright, con hojas de cristal translúcido de varios tamaños fijadas alternadamente a un marco de acero. Todos estos proyectos ilustran las posibilidades del cristal, un material tan versátil dentro como fuera de la casa.

SUPERIOR Y SUPERIOR IZQUIERDA **La decorativa barandilla de la escalera de la Harry House, en Hollywood, California, diseñada por William Hefner, cuenta con paneles de cristal translúcido.**
PÁGINA SIGUIENTE (FOTOGRAFÍA PRINCIPAL Y DETALLE, SUPERIOR IZQUIERDA) **En esta casa londinense diseñada por Rick Mather, una hermosa escalera de cristal comunica las tres plantas de la vivienda y hace las veces de fuente de luz al llevar luz natural a la piscina situada en el sótano. Con su elegante presencia, refuerza la sensación de luminosidad y ligereza.**
PÁGINA SIGUIENTE (DETALLES, INFERIOR) **Las barandillas en forma de hoja que envuelven la escalera se componen de finas láminas de cristal.**

Las escaleras de cristal, que se abren paso en el espacio proporcionándole luz y vida, combinan funcionalidad con encanto visual.

ESTA FOTOGRAFÍA Y DETALLE
**Esta bañera recubierta
de teselas es la gran
protagonista del baño de la
Harry House diseñada por
William Hefner en Hollywood.
La luz penetra a través
de las ventanas de cristal
translúcido y se refleja
en la mampara de cristal
transparente que envuelve
la bañera y separa la ducha
al fondo. El resultado es una
maravillosa combinación
de luz y superficies
resplandecientes.**
PÁGINA SIGUIENTE, INFERIOR
**En la Harry House, un lavabo
con forma de cuenco
descansa elegantemente
sobre un mueble de baño.
Los espejos captan y reflejan
la luz, animando el interior.**
PÁGINA SIGUIENTE,
SUPERIOR **El baño de la
casa de Bataille & ibens
en Amberes es un espacio
interior austero y funcional
envuelto en cristal
translúcido.**

Mobiliario para baños

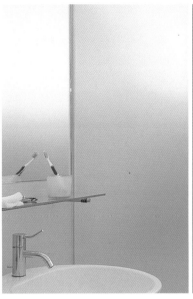

El baño, espacio íntimo por excelencia en una casa, ha sido a menudo relegado a un segundo plano por los interioristas. No obstante, las consideraciones de tipo social y arquitectónico han evolucionado de forma que hoy en día el baño se ha convertido en un refugio sensual y luminoso, objeto de un interés cada vez mayor por parte de los arquitectos, fruto de los cambios experimentados en las convenciones sociales, las tendencias de diseño y la preocupación por el medio ambiente.

En este contexto, el empleo del cristal, tanto bajo la forma de mamparas o para el mobiliario, refleja los adelantos experimentados en la producción de este material así como la expansión del horizonte imaginativo de los arquitectos. La elección del cristal, ya sea translúcido o transparente, texturado o coloreado, permite crear una enorme variedad de efectos, siempre en función del carácter del espacio. Así se puede conseguir un efecto más intenso o más sutil combinando diferentes tipos de cristal, algunos de los cuales se utilizan para dotar de un toque escultórico a elementos tales como lavabos o bañeras.

En la Harry House, diseñada por William Hefner en Hollywood, el ritual diario del baño tiene lugar en un enorme espacio luminoso animado por el continuo juego de los reflejos de la luz natural en las superficies acristaladas, los espejos y las teselas. La necesidad de intimidad y de luminosidad se han conciliado cerrando el baño con unas ventanas de cristal translúcido, cuyo efecto recuerda al de las pantallas japonesas de papel de arroz. El centro focal del baño es sin duda la enorme bañera, recubierta por los lados con teselas de color pistacho que también se encuentran en algunas zonas de las paredes. Se halla rodeada además de unas altas mamparas de cristal transparente de un elegante tono azulado. La luz se filtra a través de los diferentes tipos de cristal y se refleja en los mosaicos, las baldosas del suelo y los espejos de la pared que envuelve el lavabo, convirtiendo de esa forma el baño entero en un oasis de tranquilidad consagrado a los placeres sensuales. Este enorme y luminoso espacio concebido por Hefner contrasta con el enfoque adoptado por Ba-

taille & ibens en el baño de su casa, situada en las cercanías de Amberes (*véanse* págs. 30-37). Así como Hefner apuesta por la luz natural, Bataille & ibens optan por ubicar el baño en el mismísimo corazón de la casa, convertido en auténtico núcleo funcional de la vivienda. El diseño destaca por su enorme flexibilidad (los elementos divisorios se pueden mover hasta crear diferentes relaciones espaciales), pero lo que caracteriza a este espacio interno es precisamente el sensible empleo que se hace del cristal. Las paredes están recubiertas con cristal translúcido y espejos, de manera que la luz se refleje en ellos y confiera a este espacio cerrado una serena luminosidad.

Algunos arquitectos han empezado a explorar el potencial del baño como elemento independiente ubicado en un espacio interior de plano abierto. A la hora de habilitar como un loft un antiguo almacén situado al este de Londres, Simon Conder decidió conservar el caparazón del edificio y ubicar en él un único espacio para cocinar, comer y estar. En ese espacio fluido sobresale un par de misteriosos cilindros de cristal translúcido: uno alberga una ducha, mientras que el otro contiene un lavabo y una taza. Los paneles, de forma curva y cristal tratado con chorro de arena, están unidos entre sí uniformemente y en lo alto hay un tragaluz translúcido abierto en medio del suelo de madera de la terraza situada encima que proyecta luz natural sobre los cilindros de día y de noche. Conder gusta de explotar las cualidades inherentes a los materiales: el cristal reforzado, pesado y translúcido, el liviano acero, el cálido parquet bajo los pies... El tratamiento independiente del baño es un rasgo característico en la obra de Conder. De hecho, en la rehabilitación de un piso situado en Primrose Hill,

Londres, anterior a ésta, creó un salón minimalista de diseño con un habitáculo independiente revestido con cristal translúcido y con una ducha, un lavabo y una taza en su interior.

Dentro de este peculiar tipo de baños, el mobiliario, como el lavabo y la taza, se conciben como una especie de esculturas. Al no haber paredes que oculten las diferentes instalaciones todo queda al descubierto, incluidas las cañerías. En el loft situado al este de Londres, el lavabo, de cristal esmaltado y con su correspondiente grifo de agua caliente y fría, parece como si flotara en el aire. Valiéndose de un ingenioso empleo del cristal, Conder logra conciliar sin esfuerzo alguno las cualidades funcionales y sensuales del baño.

Los avances experimentados en la producción de cristal permiten difuminar todavía más los límites entre los espacios públicos y privados. En el Bar 89, diseñado en Nueva York por Gilles Depardon, de Ogawa & Depardon, hay unos cubículos con taza incorporada, cerrados, sorprendentemente, con cristal transparente. Cuando alguien entra en uno de dichos cubículos, el mecanismo de cierre emite un impulso eléctrico a una

Los baños acristalados independientes se convierten en el centro de atención de numerosas viviendas.

SUPERIOR Y SUPERIOR DERECHA
Simon Conder habilitó una nave industrial del siglo XIX situada en el East End londinense para convertirla en un loft de grandes dimensiones. El alma del proyecto es un espacio de planta abierta con un par de baños independientes de planta circular. Éstos están cerrados por medio de cristal translúcido, lo que les confiere un aire sugerente y misterioso. Tanto el mobiliario como la instalación quedan al descubierto, y elementos tales como los estantes o los toalleros penden de una vara elegantemente trabajada.
DERECHA **Cada uno de los baños está coronado por un tragaluz de cristal translúcido.**
EXTREMO DERECHA **El lavabo de cristal parece flotar en el aire e incluso la taza destaca por su pulida elegancia.**

ESTA FOTOGRAFÍA **El lavamanos de cristal translúcido del piso londinense de Simon Conder responde a su función con belleza e ingenio a partes iguales. El grifo para el agua fría y caliente que sale de la toma de agua completa el conjunto. El ritual diario de lavarse se convierte, de este modo, en una experiencia sensual de la mano de unos lujosos materiales, lo cerrado del espacio y el juego de luces.**

Aun en el recinto más cerrado, el cristal, en cualquiera de sus variedades, resulta perfecto para enriquecer y animar cualquier espacio.

especie de sustancia gelatinosa en el cristal laminado, haciendo que las puertas se oscurezcan. El alto coste de estos artilugios los hace más adecuados para locales comerciales que para uso doméstico, aunque constituyen una muestra de lo que está por venir. Algo más convencional es el enfoque adoptado por Ogawa & Depardon en el baño de su casa entre medianeras de Nueva York (*véanse* págs. 134-143), que ocupa todo el ancho de la vivienda en el lado que da a la calle. En él, se alternan ventanas de cristal translúcido con cristales transparentes de forma circular, lo que permite disfrutar de las vistas sin ser visto. El baño se ha trabajado cuidadosamente hasta los últimos detalles, en sintonía con el espíritu de austera elegancia que preside toda la casa.

El baño de Ogawa & Depardon disfruta del lujo del espacio, algo con lo que Azman Owens no contaba al rehabilitar su pequeña casa al sur de Londres donde el cuarto de baño, situado en la primera planta, presenta

SUPERIOR IZQUIERDA **En el cristal se refleja un rincón del dormitorio principal de la casa entre medianeras que Ogawa & Depardon poseen en Nueva York.**
SUPERIOR **En la casa londinense rehabilitada por Azman Owens, el principal reto era aprovechar al máximo el escaso espacio disponible. Se emplearon materiales transparentes para filtrar la luz así como espejos para subrayar la sensación de espacio.**

un diseño compacto para aprovechar al máximo el espacio. El lavabo es un cuenco de cristal, ubicado en el interior de un mueble de cristal que hace las veces también de elemento divisorio entre el lavabo y la bañera. Esta última es un recipiente rectangular de cristal con los bordes de madera de teca, que una vez desgastados se pueden cambiar por otros. Los espejos se utilizan para crear la sensación de espacio, mientras que la austera gama de materiales empleada sirve para unificar el interior, mostrando una vez más que, aun en el recinto más reducido, el cristal es ideal a la hora de enriquecer y animar cualquier espacio.

Arquitectos e interioristas cuyas obras aparecen en este libro:

Azman Owens Architects
8, St Alban's Place
Londres, N1 0NX
tel. +44 020 7354 2955
fax +44 020 7354 295
www.azmanowens.com
Páginas: 162-165

Bataille + ibens Design N. V.
Arquitectos
Vekestraat 13 Bus 14
2000 Amberes
Bélgica
tel. +32 3 231 3593
fax +32 3 213 8639
bataille.ibens@planetinternet.be
Páginas: 1, 30-45

Simon Conder Associates
Arquitectos e interioristas
Nile Street Studios
8, Nile Street
Londres, N1 7RF
tel. +44 020 7251 2144
fax +44 020 7251 2145
simon@simonconder.co.uk
Páginas: 171, 184-187

Sandy Davidson Design
Interioristas
1505, Viewsite Terrace
Los Ángeles, California 90069
Estados Unidos
fax +1 320 659 2107
SandSandD@aol.com
Páginas: 102-103, 168-170, 180,
182-183

Rodolfo Dordoni
Arquitecto
11, Via Solferino
20121 Milán
Italia
tel. +39 02 866574
fax +39 02 878581
dordoni@tin.it
Páginas: 104-113

Mark Guard Architects
161, Whitfield Street
Londres, W1T 5ET
tel. +44 020 7380 1199
fax +44 020 7387 5441
www.markguard.com
Páginas: 166-167

William R. Hefner AIA
William Hefner Architect L. L. C.
5820, Wilshire Boulevard
Suite 601
Los Ángeles, California 90036
Estados Unidos
tel. +1 323 931 1365
fax +1 323 931 1368
wh@williamhefner.com
www.williamhefner.com
Páginas: 102-103, 168-170, 180,
182-184

Jestico & Whiles
Arquitectos
1, Cobourg Square
Londres, NW1 2HP
tel. +44 020 7380 0382
fax +44 020 7380 0511
Páginas: 84-91

Marmol Radziner +
Associates, Architects
and Construction
2902, Nebraska Avenue
Santa Mónica, California 90404
Estados Unidos
tel. +1 310 264 1814
fax ++1 310 264 1817
www.marmol-radziner.com
Páginas: guardas, 124-133

Rick Mather
Arquitecto
123, Camden High Street
Londres, NW1 7JR
tel. +44 020 7284 1727
fax +44 020 7267 7826
rma@mather.demon.co.uk
Contacto: Laura Parker
Relaciones Públicas
Páginas: 114-123, 172-173, 181

Moore Ruble Yudell Architects
& Planners
933, Pico Boulevard
Santa Mónica, California 90405
Estados Unidos
tel. +1 310 450 1400
fax +1 310 450 1403
Páginas: 64-71

Ogawa/Depardon Architects
137, Varick Street, 4.ª planta
Nueva York, NY 10013
Estados Unidos
tel. +1 212 627 7390
fax 1 212 627 9681
ogawdep@aol.com
Páginas: 134-143

Graham Phillips RIBA
Arquitecto
Páginas: 20-29

Alan Power Architects
5, Haydens Place
Londres, W11 1LY
tel. +44 020 7229 9375
fax +44 020 7221 4172
Páginas: 174-179

Damien Roland
Arquitecto
Agence du Centre
6, rue Clovis
45100 Orléans
Francia
Páginas: 144-149

Mack Scogin Merrill Elam
Arquitectos
Arquitectos principales: Mack
Scogin y Merrill Elam
75, J. W. Dobbs Avenue, N. E.
Atlanta, Georgia 30303
Estados Unidos
tel. +1 404 525 6869
fax +1 404 525 7061
Páginas: 6-8, 62-63, 72-83,
92-101, 150-161

Ken Shuttleworth
Arquitecto
Páginas: 18-19, 52-61

Sidnam Petrone Gartner
Arquitectos
Coty Sidnam, Bill Petrone
y Eric Gartner
136, West 21st Street
Nueva York, NY 10011
Estados Unidos
tel. +1 212 366 5500
fax +1 212 366 6559
sidnampetr@aol.com
www.spgarchitects.com
Páginas: 46-51

Créditos de las ilustraciones

CLAVE: **S** = SUPERIOR; **I** = INFERIOR; **C** = CENTRO; **D** = DERECHA; **IZ** = IZQUIERDA

guardas Lew House, diseñada originalmente por Richard Neutra en 1958, arquitecto y contratista: Marmol Radziner + Associates, Architecture and Construction; **1** Casa del matrimonio Brants-Voets cerca de Bruselas, diseñada por Claire Bataille y Paul ibens, paisajista: Sra. Voets; **6-7** Casa en la montaña diseñada por Mack Scogin Merrill Elam Architects en Georgia; **8** Nomentana Residence, Maine, diseñada por Mack Scogin Merrill Elam Architects; **10-11** fotógrafo: Alan Weintraub/Arcaid The Sheats-Goldstein House, Los Ángeles, diseñada por John Lautner; **12 s** fotógrafo: Scott Frances/Esto/Arcaid Farnsworth House, diseñada por Mies van der Rohe; **12 iiz e id** fotógrafo: Michael Halberstadt/Arcaid, Maison de Verre, diseñada por Pierre Chareau; **12-13 principal** fotógrafo: James Sinclair/Architectural Association, New Canaan, diseñada por Philip Johnson; **14-15** fotógrafo: Alan Weintraub/Arcaid Sheats Goldstain House, Los Ángeles, diseñada por John Lautner; **16 siz e iiz** RIBA/Hopkins House, 1975-1976, diseñada por Michael Hopkins & Partners; **16-17 sc** fotógrafo: ©Mathew Weinreb, imagefind.com; **17 sd e id** fotógrafo: Richard Bryant/Arcaid, casa en Glenorie North, Sídney, diseñada por Glen Murcutt; **18-19** Casa diseñada por Ken Shuttleworth en Wiltshire; **20-29** Skywood House, en las afueras de Londres, diseñada por Graham Phillips; **30-37** Casa en las afueras de Amberes diseñada por Claire Bataille y Paul ibens en colaboración con Lieven Langhor; **38-45** Casa del matrimonio Brants-Voets en las afueras de Bruselas, diseñada por Claire Bataille y Paul ibens, paisajista: Sra. Voets; **46-51** Casa diseñada por Sidnam Petrone Gartner Architects en Harrison, Nueva York; **52-61** Casa diseñada por Ken Shuttleworth en Wiltshire; **62-63** Nomentana Residence, Maine, diseñada por Mack Scogin Merrill Elam Architects; **64-71** «The Peg Yorkin House», diseñada por Moore Ruble Yudell Architects & Planners. Responsable: Buzz Yudell, interiorista: John Ruble, arquitecto del proyecto: Marc Schoeplein; **72-83** Nomentana Residence, Maine, diseñada por Mack Scogin Merrill Elam Architects; **84-91** Casa en Londres de Tom Jestico y Vivien Fowler, diseñada por Tom Jestico y Vivien Fowler; **92-101** Casa en Georgia diseñada por Mack Scogin Merrill Elam Architects; **102-103** Casa de Joan Barnett en West Hollywood, diseñada por William R. Hefner AIA, interiorista: Sandy Davidson Design; **104-113** «Urban Retreat», residencia privada proyectada por el arquitecto milanés Rodolfo Dordoni; **114-123** Casa diseñada en Londres por Rick Mather Architects; **124-133** Lew House, diseñada originalmente por Richard Neutra en 1958, arquitecto y contratista: Marmol Radziner + Associates, Architecture and Construction; **134-143** Casa entre medianeras de Upper East Side, Nueva York, diseñada por Ogawa/Depardon Architects; **144-149** Estudio parisino diseñado por Damien Roland; **150-161** Casa en Atlanta diseñada por Mack Scogin Merrill Elam Architects; **162-165** Casa en Londres diseñada por Azman Owens Architects; **166-167** Remodelación del mobiliario de una casa al norte de Londres, Mark Guard Architects; **168-170** «The Jackee» y Elgin Charles House, Hollywood Hills, California, diseñadas por William R. Hefner AIA, interiorismo: Sandy Davidson Design; **171** Loft londinense diseñado por Simon Conder Associates; **172-173** Casa en Londres diseñada por Rick Mather Architects; **174-179** Casa en Londres diseñada por Alan Power; **180** «The Jackee» y Elgin Charles House, Hollywood Hills, California, diseñadas por William R. Hefner AIA, interiorismo: Sandy Davidson Design; **181** Casa en Londres diseñada por Rick Mather Architects; **182-183** «The Jackee» y Elgin Charles House, Hollywood Hills, California, diseñadas por William R. Hefner AIA, interiorismo: Sandy Davidson Design; **184-187** Loft londinense diseñado por Simon Conder Associates.

Índice

LOS NÚMEROS EN *CURSIVA* REMITEN A LOS PIES DE FOTOGRAFÍAS

Agradecimientos

Gracias a todos aquellos arquitectos e interioristas que han proporcionado el material objeto de este libro. Gracias también a mis compañeros de *The Architectural Review*, así como al equipo editorial de Ryland Peters & Small por su estoica paciencia e inestimable ayuda.

A mi compañero de estudio Malcolm Frost, *un grazie di cuore*.

Los editores desean dar las gracias a todos aquellos que les han permitido fotografiar sus casas para realizar este libro.

20.00   12-20-04

GAYLORD M